AF565387

Börse für Einsteiger

Intelligent investieren wie ein Profi

Wie auch Sie als kompletter Börsen-Neuling mit wenig Kapital hochprofitabel in Aktien, ETFs & Co. investieren und enorme Gewinne erzielen

INHALT

Aller Anfang ist schwer, oder?

Das Bestreben nach mehr Vermögen findet bei einem Großteil der deutschen Bevölkerung Anklang. Das ist auch völlig verständlich, denn wer möchte nicht etwas mehr Geld auf der hohen Kante liegen haben? Sich einfach einmal was gönnen, ohne dem Geld hinterhertrauern zu müssen. Doch wie kommt man als Normalverdiener zu mehr Vermögen? Durch plumpes Sparen? Das Geld in einem Sparbuch sichern? Ihnen sind mit großer Sicherheit auch schon Begriffe wie „Nullzinspolitik" oder „Inflation" entgegengekommen. Was ist das eigentlich und was kann man dagegen tun?

Zunächst einmal, lassen Sie sich nicht verunsichern, denn Sie sind nicht allein. Gerade in Deutschland ist das Thema Geld äußerst sensibel gehandhabt. Nur ca. 12 % der deutschen Bevölkerung haben ihr Geld anderweitig angelegt als auf dem klassischen Sparbuch oder Tagesgeldkonto, aber warum eigentlich?

In diesem Buch werden Sie Hintergründe der Finanzwelt kennenlernen und Sie werden erfahren, warum das Thema Geld so außergewöhnlich behandelt wird. Aber das Wichtigste ist: Ihnen wird das Prinzip Geld erklärt und wie Sie sich dieses zunutze machen können. Sie werden die Börse kennenlernen mit allen wichtigen Informationen, um an dieser einen Anfang zu ihrem persönlichen Vermögensaufbau beginnen zu können. Denn durch die geopolitischen Spannungen mit Klimawandel und einer fortschreitenden Digitalisierung wird das Privatvermögen der Menschen negativ beeinflusst.

Es ist deshalb unausweichlich, sich mit dem Thema Geld auseinanderzusetzen und die eigene private Altersvorsorge selbst in die Hand zu nehmen. Dies kann Ihnen an der Börse gelingen, Sie werden bestehende Möglichkeiten der Börse kennen lernen und herangeführt, wie Sie dort

Ihr Geld sinnvoll anlegen können. Das Buch richtet sich vordergründlich an Einsteiger der Börse. Allerdings kann es auch jedem behilflich sein, um eigenes Wissen zu vertiefen und vor allem zu verfestigen. Es ist ein Buch, welches sich viel auf die Grundlagen bezieht, der Leser oder die Leserin soll einen Überblick über die Finanzwelt erlangen. Es geht darum, zu verstehen, warum die eigene Finanzplanung und der Umgang mit dem eigenen Geld an die heutige Zeit angepasst werden müssen. Denn es funktioniert nicht mehr wie früher, dass das Geld auf der Bank von selbst mehr wird.

Am Ende dieses Buches werden Sie eine Art Wörterlexikon finden, in welchem Begriffe aus den finanziellen Bereichen bzw. aus der Finanzwissenschaft nochmals erklärt werden. Zwar werden diese auch im Buch direkt definiert und ausgiebig erklärt, jedoch ist eine Übersicht, welche man schnell zur Hand hat (welche Sie erweitern können mit eigenen Begriffen) von großem Vorteil im Alltag. Sie erhalten zudem eine Art Gesetzestafel mit den wichtigsten Basics, welche Sie niemals außer Acht lassen sollten.

Und nun? Los geht's, denn aller Anfang ist gar nicht so schwer.

Startschuss

Zu Beginn wurden Sie bereits mit einigen Begriffen aus der Finanzwelt konfrontiert. Jetzt räumen wir erst einmal diese Barrikaden aus dem Weg und klären das.

Was ist Nullzinspolitik?

Die Nullzinspolitik ist ein äußerst vielschichtiges Vorgehen ausgehend von den europäischen Zentralbanken, bei welcher die Leitzinsen auf ein Niveau von Null gesenkt werden. Was bedeutet das konkret für uns? Durch die günstigen Leitzinsen werden Kredite verbilligt und somit wird kurz gesagt die Wirtschaft gestärkt.

Durch dieses geldpolitische Instrument der Notenbanken ist es Unternehmen und allgemein uns Privathaushalten möglich, günstig Kredite aufzunehmen. Somit wird es einerseits einfacher, als Unternehmen an neues Kapital zum Investieren zu kommen.

Andererseits können wir Privatpersonen unseren Konsum erweitern. Häufig kommt dies beispielsweise beim Autokauf zum Tragen. Nehmen Sie an, Sie haben 5.000 Euro zur Verfügung, allerdings würden Sie gerne ein neues Auto kaufen für 20.000 Euro, dann können Sie bei der Bank einen Kredit erlangen. Diese leiht Ihnen dann die übrigen 15.000 Euro. Aber warum macht Sie das denn? – weil durch den Kauf das allgemeine Wirtschaftswachstum angekurbelt wird. Das Autohaus bzw. die Hersteller verdienen Geld am Verkauf und können dieses wiederum reinvestieren. Anzumerken ist, dass eine Nullzinspolitik bzw. das Senken von Leitzinsen häufig mit einem Konjunkturabschwung, also einer Rezession einhergeht.[1]

---

[1] https://www.moneyland.ch/de/nullzinspolitik-definition

Was ist eine Rezession?

Eine Rezession ist ein wirtschaftlicher Abschwung, eine Phase mit negativem Wirtschaftswachstum. Dies kann man anhand des Bruttoinlandsprodukts operationalisieren, sprich messbar machen.

Es ist von einer Rezession, zumindest aus technischer Sicht, erst die Rede, wenn das Bruttoinlandsprodukt eines Landes in zwei aufeinanderfolgenden Quartalen nicht wächst bzw. zurückgeht, im Vergleich zu den vorherigen.[2]

Was bedeutet Inflation?

Gemäß dem Online-Finanzlexikon Debitoor ist von einer Inflation die Rede, wenn „eine Geldentwertung durch Preishöhungen stattfindet, man erhält für dieselbe Geldeinheit weniger Waren als bisher".[3]

Die Inflation spüren auch Sie täglich, zum Beispiel beim einfachen Gang zum Bäcker um die Ecke. Jedes Jahr erhöht sich dort der Preis einer Brezel, wenn auch oft nur marginal, aber Fakt ist, dass Sie für dasselbe Produkt im Vergleich zu früher deutlich mehr zahlen. Anzufügen ist, dass die europäische Zentralbank die Inflationsrate unter bzw. nahe der 2 %-Marke pro Jahr halten möchte.

Was macht die Bank mit meinem Geld?

Grundsätzlich legen Banken das Geld ihrer Kunden gewinnbringend an, sie reinvestieren, um damit Gewinne zu erwirtschaften. Hierbei entscheidet die Bank eigenständig, in welche Branchen Sie das Geld investiert. Die Bank agiert sozusagen als Zwischenhändler zwischen denjenigen Kunden, welche ihr Geld auf ein Konto einzahlen, und denen, die das Geld brauchen und Kredite aufnehmen. Als Kunde bedeutet dies auch,

---

[2] https://www.ginmon.de/wiki/rezession/
[3] https://debitoor.de/lexikon/inflation

dass man sich darüber im Klaren sein sollte, dass die Bank nicht zwingend ökologisch bzw. nachhaltig mit ihrem Geld arbeitet. Das bedeutet kurz gesagt: Augen auf bei der Auswahl Ihrer Bank.

Auf den jeweiligen Internetseiten von Banken ist es möglich, nachvollziehen zu können, in welche Branchen die jeweilige Bank das Geld reinvestiert. Somit ist es uns Privatkunden möglich, selbst zu entscheiden, wem wir unser Geld anvertrauen wollen. Mit dieser Entscheidung nehmen wir indirekt Einfluss auf die Marktwirtschaft und so kann man sich dabei an seinen persönlichen Überzeugungen orientieren.

Nun kommen wir zu klaren Fakten und Zahlen. Sie werden nun erfahren, was es mit dem „Stupid German Money" auf sich hat. Zudem werden Ihnen Anlegerzahlen in Deutschland aufgezeigt, welche Sie zum Nachdenken anregen sollten.

Stupid German Money

Der Begriff wurde von den Briten kultiviert und spielt auf die Vielzahl der Deutschen an, welche an der Idee des Sparbuches oder Tagesgeldkontos heutzutage immer noch festhalten. In Zeiten der Nullzinspolitik zahlen Banken keine Zinsen mehr an ihre Kunden aus, wenn diese ihr Geld auf ein Konto einzahlen und dort liegen lassen.

In der Statistik[4] auf der folgenden Seite können Sie den Verlauf der durchschnittlichen Entwicklung des Zinssatzes auf Tagesgeldkonten in Deutschland der letzten Jahre sehen. Auffällig ist mich Sicherheit, dass im Anschluss an die Wirtschafts- und Finanzkrise im Jahr 2008 die Zinsrate rasant bis auf null Prozent zulief.

---

4 https://de.statista.com/statistik/daten/studie/202273/umfrage/entwicklung-des-zinssatzes-fuer-tagesgeld-in-deutschland/

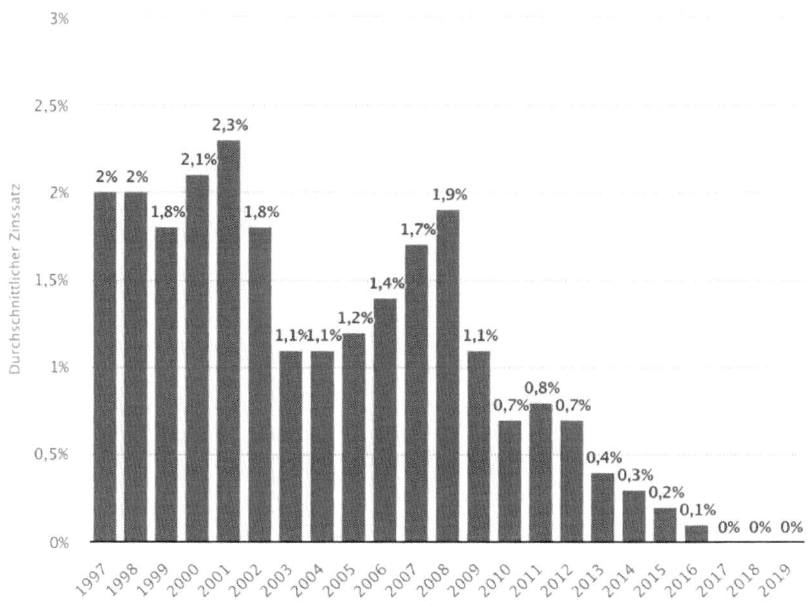

Gemäß des Deutschen Aktieninstituts haben aktuell ca. 9,7 Millionen Menschen in Deutschland ihr Geld in Aktien oder Aktienfonds investiert, also nur jeder siebte Bürger. Das bedeutet im Umkehrschluss, dass über 85 % der Deutschen ihr Geld unberührt auf ihren Konten liegen lassen.

Damit liegt Deutschland im weltweiten Vergleich eher im Mittelfeld. Fakt ist, wenn wir ausschließlich den Banken unser Geld überlassen, dann sind wir auch wirklich „German Stupids". Denn somit profitieren wir nicht von Zinsen, Dividenden und sonstigem, dies bleibt bei den Banken. Zudem kommt die Inflation von ca. zwei Prozent jährlich hinzu, sodass unser Geld auf den Konten langfristig bemerkbar an Geld verlieren wird. Dies müssen wir verändern, und zwar sobald wie möglich, denn je länger unser Anlagehorizont ist, desto besser. Doch dazu später mehr.

Die Macht des Geldes

Geld ist das wohl mächtigste, vom Menschen geschaffene Instrument der Welt. Für Geld wurden Menschen getötet, Königreiche gestürzt, Kriege begonnen, Ehen geschlossen, ... Das Besondere des Geldes ist, dass es eigentlich nur Papier mit Zahlen darauf ist. Geld spielt jedoch bei jedem Einzelnen eine entscheidende Rolle im Leben. Denn unser privates finanzielles Vermögen gibt uns vieles vor, vom Wohnort bis zur Ernährung, Geld kann vieles verändern.

Es ist jedenfalls äußerst auffällig, dass Menschen, welche weniger als 60 % Prozent des mittleren Nettoeinkommens in Deutschland verdienen, gemäß dem Robert-Koch-Institut ein dreifach erhöhtes Sterberisiko vor dem 65 Lebensjahr haben als andere. Das dies alles andere als ein Zufall ist, hat das wissenschaftliche Institut erkannt. Gründe hierfür sind laut deren Studien, dass Männer mit niedrigerem Einkommen häufig Berufe mit höherer körperlicher Beanspruchung ausüben. Generell geht die finanzielle Armut mit höheren psychischen Belastungen einher. Diese führen häufig zu einem riskanten Gesundheitsverhalten, darunter fällt ein hoher Alkoholkonsum, Rauchen, ungesunde Ernährung etc.

Geld spielt darüber hinaus auch eine weitere wichtige Rolle, es beeinflusst unsere Gesellschaft massiv. Es ist verantwortlich dafür, mit wem wir uns umgeben, welche Bildung wir genießen, in welcher gesellschaftlichen Schicht wir uns befinden oder aber auch, welchen Status wir von unseren Mitmenschen zugeschrieben bekommen.

Die Grundlagen

Sie haben nun zu Beginn einen ersten Überblick erhalten, weshalb es wichtig ist, einen modernen Umgang mit dem eigenen Hab und Gut zu pflegen. Sie wissen auch, dass das Geld auf der Bank nicht mehr wird bzw. sogar an Wert verliert. Dies gilt es, zu ändern; möglich ist der private Vermögensaufbau an der Börse, doch was ist jetzt eine Börse eigentlich genau?

WAS IST EINE BÖRSE?

Eine Börse ist ein Markt, an welchem Wertpapiere, Devisen und sonstige Waren angeboten und gekauft werden können. An der Börse müssen vereidigte Kursmakler Preise, also Kurse feststellen, welche sich aus den bei ihnen vorliegenden Kauf- und Verkaufsanträgen ergeben, hierbei darf dies nur während der festgelegten Handelszeiten stattfinden.

Nun stellen wir das für Sie jedoch in vereinfachter Form dar, keine Sorge, so kompliziert ist das eigentlich gar nicht. Stellen Sie sich eine Börse als einen Handelsplatz vor, also als einen Ort, an dem Waren gekauft und verkauft wird. Ein geläufiges Beispiel aus dem Alltag ist der normale Wochenmarkt, an welchem Sie Obst, Fleisch, Gemüse und sonstiges erwerben können. Nun ist es so, dass sich der Kauf- und Verkaufspreis an dem Angebot und der Nachfrage orientieren. Hat der eine Metzger eine Wurst, welche jeder unfassbar gerne kaufen möchte, so kann er den Preis immer weiter erhöhen, bis die Leute sie nicht mehr erwerben möchten. Wenn er nun im Kontrast hierzu allerdings auch eine Wurst im Sortiment hat, welche unbeliebt ist, so muss er den Preis wohl immer weiter reduzieren, bis die Leute diese nun doch wieder kaufen.

Der entscheidende Unterschied von Börse und Wochenmarkt ist, dass Sie nach dem Besuch des Marktes Lebensmittel in der Hand haben, welche Sie verzehren können – bei der Börse ist das nicht so, denn dort werden keine realen Dinge bzw. Waren gehandelt, nichts Ess-, Trinkbares oder Sonstiges. An der Börse erhalten Sie verbriefte Rechte.

DIE ENTSTEHUNG DER BÖRSE

Gemäß dem Börsenlexikon ist die Namensgebung der Börse etwas umstritten. Am wahrscheinlichsten entstand der Name aus der Verschmelzung des Namens einer Kaufmannsfamilie aus dem 16. Jahrhundert, der Familie „van der Beurse“, mit dem lateinischen Begriff Bursa heraus.[5]

Die erste Börse entstand Anfang des 15. Jahrhunderts. Es war ca. 1409 in Brügge, dort entstand zu diesem Zeitpunkt eines der führenden Handelszentren in Europa. Hier kommt auch wieder die Kaufmannsfamilie „van der Beurse“ in Spiel, denn Sie hielt damals stetig und parallel zum Markt laufend mit anderen, vorwiegend italienischen Kaufleuten Treffen ab. Diese hatten das Ziel, „Wechsel-“ Geschäfte und sonstige, für die damalige Zeit geltende Zahlungsmittel zu tätigen. Diese Geschäfte beschränkten sich keinesfalls auf Anteile an Unternehmen, es konnte wirklich alles gehandelt werden, von Menschen, Tieren und anderen Besitztümern ist hier die Rede. Allerdings wurden aus den Abmachungen schriftlich festgehaltene Geschäfte und somit entstanden die ersten „Wertpapiere“, welche untereinander ausgetauscht wurden.

Eine weitere bedeutsame Börse der Vergangenheit ist die im Jahre 1611 gegründete Amsterdamer Börse. Dort gab es den ersten Aufruhr an der Börse sowie den ersten Crash. Der damalige Börsenhype wurde als „Tulpenmanie“ bezeichnet. Der erste Börsencrash aufgrund einer Blume? Ja, damals entstand ein großes Interesse an der Tulpe. Diese wurde aus dem Mittleren Osten in die Niederlande gebracht, wo Sie auf

[5] https://www.boerse.de/boersenlexikon/Boerse

besonderen Anklang stoß. Jeder wollte in seinem Vorgarten eine haben und so entstand ein wahres Wettbieten unter den Käufern und der Preis für eine Tulpe schoss in die Höhe. Die Folge der massiven Nachfrage war eine riesige Blase an der Börse, welche letztlich platzte. Damit Sie sich das besser vorstellen können: Damals boten manche Menschen für nur wenige zwiebelförmige Tulpenblüten einen Gegenwert in Höhe eines Hauses. Nachdem die Nachfrage wieder ruckartig nachließ, blieben einige Bürger hoch verschuldet.

Dies soll Ihnen verdeutlichen, wie sehr sich der Preis nach Angebot und Nachfrage richtet. Dieser Crash von damals soll Ihnen auch klar machen, wie sehr wir Menschen von Gier gesteuert werden und wie schnell wir aus unserem Bauchgefühl und unseren Emotionen heraus bereit sind, unverhältnismäßige Preise für manche Aktien und sonstige Finanzprodukte zu zahlen.

DIE BÖRSE IM WANDEL

Bereits seit mehreren Jahren gibt es bedeutsame Veränderungen am Aktienmarkt, ein großer Antriebsfaktor war hierbei auch die Covid-Pandemie 2020. Der Weg entfernt sich von begrenzten Börsenplätzen und geht in Richtung Verfügbarkeit für die breite Masse der Gesellschaft. Der Zugriff auf den freien Markt ist so einfach wie nie zuvor, es ist praktisch möglich, sich vom Sofa aus an der Börse zu beteiligen. Diese Entwicklung lässt sich vor allem auf die Digitalisierung des frühen 21. Jahrhunderts zurückführen. Seine Finanzen im Internet abzuwickeln ist in der Gesellschaft sehr breit akzeptiert, mit steigender Tendenz. Es ist einfach, bequem und mittlerweile sehr sicher. Viele Menschen handeln online mit ihrem Geld. Sie kaufen bei Plattformen wie Amazon ein und wickeln die Rechnung über PayPal ab. Dieser Wandel wird sich langfristig an der Börse bemerkbar machen, denn es gibt unterschiedlichste Anbieter, bei denen man sein Geld anlegen kann, und die Sicherheitsregularien werden immer weiter ausgefeilt und kontrolliert.

Doch woher kommt diese Entwicklung?
Diese Entwicklung lässt sich vereinfacht ausgedrückt damit erklären, dass durch die einfache Zugänglichkeit des Internets der Handel an der Börse ortsunabhängig möglich gemacht wird. Online-Broker sind Plattformen, bei welchen Sie als Privatanleger Ihr Geld am Markt investieren können. Dies wurde in den letzten Jahren massiv gefördert, findet immer mehr Akzeptanz in der Gesellschaft und wird stärker genutzt. Die breite Masse kann nun handeln, die Börse ist nicht mehr ausschließlich für absolute Experten und Börsianer zugänglich, sondern für jedermann, und dem sollte man sich bewusst sein.

Der Online-Handel ist im absoluten Boom, so haben gemäß dem deutschen Aktieninstitut in Deutschland seit 2019 nun mehr als 10 Millionen Menschen Geld in Fonds, Aktien oder Wertpapiere angelegt. Dies steigt exponentiell nach oben nach der Corona-Krise im Jahr 2020. Besonders auffällig ist, dass vor allem eine Vielzahl an jungen Menschen in der Bevölkerung ihr Geld anlegt, mit dem Ziel eines langfristigen Vermögensaufbaus.

Online-Broker gibt es mittlerweile wie Sand am Meer und sie stehen im Wettbewerb zueinander, was sich für Sie als Anleger positiv auswirkt. Der Handel wird immer zugänglicher für uns Privatkunden, die Gebühren sinken aufgrund des großen Wettbewerbes unter den Brokern. Die Bedienung wird immer weiter vereinfacht, sodass sich auch Einsteiger mit geringem Kapital in den Markt trauen. Zudem werden Anreize wie Eröffnungsprämien ausgezahlt, sodass vorhandene Nutzer ein persönliches Interesse daran haben, dass Freunde und Co. hinzukommen. Auch der Konkurrenzkampf an der Börse hat nachgelassen, erfahrene Aktionäre und Experten teilen ihr Wissen in Blogs, Interviews und auf eigenen

Social-Media-Kanälen. Sie machen ihre Expertise für die breite Masse verfügbar und das oftmals kostenlos.

Woher kommt es, dass besonders junge Anleger in den Markt einsteigen?

Ein großer Faktor ist die Digitalisierung. Es ist problemlos und mit wenig Aufwand möglich, sein Geld in Online-Depots anzulegen, besonders jüngere Generationen weisen eine höhere Affinität im Umgang mit den Medien auf und zeigen größeres Vertrauen in deren Sicherheit. Sie haben nicht mehr die Angst, dass das Internet immer noch äußerst unsicher ist, wodurch die Distanz, das eigene Geld im Internet zu organisieren und anzulegen, sinkt.

Sie kennen den Umgang und durch die klaren strukturellen Absicherungen, wie z. B. 14 Tage Zahlungen rückfordern zu können, bei beispielsweise Unternehmen wie PayPal, Amazon, etc., verringert sich die Barriere, sich online mit den eigenen Finanzen auseinanderzusetzen. Durch die leichte Zugänglichkeit, den zur Verfügung stehenden Expertisen und dem langfristigen Vermögenshorizont kommen viele junge Anleger an den Markt.

Außerdem haben sich die Kurse der Aktien durch die Corona-Krise zwischenzeitlich stark reduziert, was zusätzlich dafür gesorgt hat, dass viele Anleger in den Markt kamen, welche eine hohe Risikobereitschaft mitbringen.

Zudem wollen einige ihre Altersvorsorge selbst mit aufbauen, denn die Aussichten auf eine ausreichende Rentenzahlung vom Staat werden jährlich geringer und unsicherer. Ein weiterer wichtiger Grund für junge Anleger ist, dass es möglich ist, seine Geldanlage mit seinem Menschenbild und eignen Werten zu verknüpfen, dies spielt bereits bei der Auswahl der eigenen Bank eine immer wichtiger werdende Rolle.

Ist man an der Unterstützung des Klimaschutzes interessiert, so eignen sich Anlagen in Unternehmen, welche auf nachhaltige Energien setzen. Hat man selbst kaum Fachwissen über Trading oder Investments, so setzt man einfach auf Klimaschutz-orientierte ETFs.

Kurz gesagt: Junge Anleger können sich in ihren Anlagen und Trades selbst widerspiegeln. Zudem überwiegen die Chancen des Kapitalmarktes gegenüber den Risiken. Des Weiteren haben Neueinsteiger an der Börse meistens auch eher geringe Kapitalsummen zur Verfügung, was dazu führt, dass bei vielen das Risiko steigen darf, mit der Aussicht auf größere Gewinne.

Woher kommt das negative Bild vom Anlegen und der Börse? Und warum befindet sich der Online-Handel des Kapitalmarktes im Wandel und wird immer zugänglicher für junge Menschen?

Viele Menschen dieser Generationen sind Nachkriegskinder bzw. die Kinder der Nachkriegskinder. Sie waren und sind geprägt von den Werten und Überzeugungen ihrer Eltern und Großeltern, also denjenigen, die den Krieg durchgestanden haben.

In der damaligen Zeit gab es keine Sicherheiten, auch nicht nach dem Krieg. Viele der Menschen hatten nichts zu essen, Geld hatte keinen Wert. Reich waren diejenigen, die Tiere, Land und sonstige Möglichkeiten zur Nahrungsherstellung hatten, also oftmals die Bauern und Landbesitzer. Niemand hat in Richtung des langfristigen Vermögensaufbaus gedacht.

Die Menschen hatten hierzu auch keine Chance, es ging rein darum, zu überleben und das Beste aus dem Hier und Jetzt zu machen. Ein spannender Effekt, der während dieser Zeit galt, ist, dass das Geld wertlos war. Für Sie zum Verständnis: Damals gab es eine so starke Inflation, dass eben nicht diejenigen mit dem meisten Geld die Reichen waren.

Wirft man einen Blick auf die Kinder der 60er und 70er Jahre, wird eines klar: Der Großteil der Menschen genießt neue Freiheiten, ein Leben ohne Ängste, Kriege und deren Folgen. Zwar gibt es die ersten Börsen, an denen der spekulative Kapitalmarkt ins Rollen kommt, jedoch ist dies weit von der breiten Gesellschaft entfernt.

In den 80er und 90er Jahren ist das Anlegen an der Börse direkt vor Ort zwar möglich, allerdings entwickelt sich hier ein klares Menschenbild gegenüber den vereinzelten Aktionären. Banken und Aktionäre werden deklariert als gierig und vom Kapitalismus getrieben. Sie haben stets den eigenen Erfolg im Blick und geben für diesen alles.

Zusätzlich war es bis in die Anfangszeit des 21. Jahrhunderts so, dass die Banken auf einfache Sparbücher und Tagesgeldkonten rentable Renditen zahlten, dies veränderte sich erst, wie Sie bereits erfahren haben, mit der Finanz- und Wirtschaftskrise 2008. Gab man damals das Geld der Bank, welche damit nichts anderes als das Geldvermehren durch Anlagen im Sinn hatte, so bekam man sehr gute Zinsen darauf. So waren mindestens fünf Prozent Zinsen auf Sparbücher völlig normal, also warum mit einem hohen Risiko am Kapitalmarkt anlegen? Auf der Bank ist das Geld sicher und es gibt Zinsen. Zudem mussten die Menschen des frühen 21. Jahrhunderts sich keinesfalls Sorgen um die Altersvorsorge machen, denn diese war damals so sicher wie das Amen in der Kirche, doch wie Sie bereits erfahren haben, hat sich auch das leider geändert und besonders, was die Rentenzahlungen in der Zukunft angeht, herrscht große Unsicherheit in der Bevölkerung.

Dann kam 2008 die große Finanzkrise. Dies war bis heute der Anstoß für einen Wandel in der Finanzbranche. Damit einhergehend haben die Banken ihr Vertrauen verloren und Privatpersonen wurden aufmerksamer und offener für den freien Handel an der Börse.

Mit aufkommender medialer Sicherheit und der allgemein

fortschreitenden Digitalisierung sowie dem immer sicher werdenden Online-Handel öffnen sich neue Möglichkeiten.

Die heutigen Generationen sind häufig auf den schnellen Reichtum aus und auf die eigene Vorsorge fürs Alter. Der Aktienmarkt öffnet sich und es wird möglich, bequem vom Sofa aus am Kapitalmarkt zu investieren. Zunächst mit begrenzten Möglichkeiten und einer gewissen Unsicherheit, doch dies änderte sich schnell. Heutzutage ist es zur Normalität geworden, im Internet die Finanzen zu klären. Experten geben ihre Expertise in den sozialen Medien kostenlos preis und so werden einige Anreize geschaffen, sich als Privatperson im Internet ein Depot anzulegen und für das Alter vorzusorgen.

Da die viele Menschen, besonders junge, ein großes Interesse am schnellen Reichtum haben, gehen Sie an die Börse. Sie erhoffen sich aus riskanten Investments schnelles Geld, doch, darüber sollten Sie sich bewusst sein, dieser Weg wird nur bei den allerwenigsten funktionieren. Der Zugang zur Börse ist leicht, das Expertenwissen steht zur Verfügung und das reizt viele Menschen, besonders junge. Mit dem Wandel der Börse verändert sich auch das vorhandene Menschenbild gegenüber den Banken und Aktionären. Dies wird sich in der Zukunft weiter öffnen und der Handel an der Börse wird von immer mehr Menschen genutzt. Letztlich ist es möglich, die Fachexpertisen in den sozialen Medien zu erlangen, meistens sogar kostenlos. Zudem haben eben junge Anleger einen langen Anlagehorizont und können das Geld grundsätzlich lange binden, dies senkt, wie gesagt, das Verlustrisiko mit jedem einzelnen Anlagejahr. Erfahrene Börsianer wissen, wer an der Börse einen langen Atem hat, der wird belohnt.

Somit ist es auch Ihnen möglich, sich mit einem vermeintlich geringen Risiko die Altersvorsorge am Aktienmarkt aufzubauen. Zu Beginn ihres persönlichen Vermögenaufbaus sollten Sie die Ziele festlegen und grundsätzlich an diesen festhalten und nach ihnen streben. Sie sollten

Ihre individuelle Anlagestrategie entwickeln; wie das funktioniert, erfahren Sie später.

Wichtig ist, dass Sie die Ruhe behalten und nicht aufgrund dubioser Versprechen in Werbungen den Kopf verlieren. Denn Sie werden ständig von Menschen konfrontiert, welche mit ihrem Reichtum nur um sich werfen und Ihnen versprechen werden, dass auch Sie das schaffen können. Allerdings ist das wohl eher eine Träumerei. Besser ist es, das Ganze mit einem Plan anzugehen und langfristig die eigenen individuellen Ziele zu erreichen. Besonders junge Menschen sind anfällig für genau diese Form der Propaganda, denn die Gier nach dem schnellen Geld ist tief verankert in uns. Ein Gefühl der Sicherheit, sich alles leisten können – wer möchte das nicht? Doch diese Werbungen sind nicht das, was sie scheinen, zu sein. Die dort auftretenden Personen mieten sich Häuser, teure Autos und Uhren und vermitteln Ihnen eine falsche Welt, darüber sollten Sie sich bewusst sein. Wenn der Weg zum beinahe unendlichen Reichtum wirklich so einfach wäre, dann wären viel mehr Menschen tatsächlich reich, deswegen sollten Sie sich nicht von den falschen Versprechungen blenden lassen.

Digitalisierung an der Börse

Die Digitalisierung ist ein Thema, welches besonders in der Corona-Pandemie unter großer Aufmerksamkeit in der Gesellschaft steht. Dieser Prozess ist an der Börse schon seit längerer Zeit bemerkbar. So ist es schon schwer, zu glauben, dass Briefe bis in die späten 1990er Jahre per Hand oder mit der Schreibmaschine auf Papier geschrieben und mit der Post versendet wurden.[6]

Damals gab es verschiedene Botendienste, um miteinander rasch zu kommunizieren. Auch zu dieser Zeit innovative Geräte, wie das Festnetz-

[6] https://www.boerse-fonds.de/wissen/fortschreitende-digitalisierung/

Telefon oder auch Fax-Geräte, sind heutzutage eher eine Seltenheit geworden. Ein Blick in die Supermärkte macht in der heutigen Zeit ebenfalls stutzig, so wurden damals zum Beispiel auch die Rechnungen an den Kassen von den Kunden normalerweise per Hand bezahlt und anschließend per Hand in die Kassen eingetippt. Gemäß der Internetseite boerse-fonds hat sich dies jedoch stark geändert und die Gesellschaft ist weit entfernt vom Analogen. So verfügen heutzutage bereits über 90 % Prozent der Haushalte in Deutschland über einen PC und über 85 % Prozent sind im Internet aktiv. Auch die Veränderung bezüglich des mobilen Datennetzes sind aus der heutigen Zeit nicht mehr wegzudenken. Die Übertragung der Daten ist heute nicht mehr mit extrem hohen Kosten verbunden und die Geschwindigkeit entwickelt sich stets weiter. Im Übrigen wurden allein im Jahr 2019 über 1,4 Milliarden Smartphones verkauft und die Gewinne durch Abonnements, Game-Käufe und Handyverträge sowie durch das Internet lassen eine ganze Branche explodieren.

Auch an der Börse ist der Boom der Digitalisierung nicht zu übersehen. Noch nie zuvor war der Zugang zum Handel an der Börse mit Wertpapieren und Co. so transparent und einfach zugänglich wie heute. Die Anbieter für Depots und allgemein die Broker sprießen wie Blumen aus der Erde. Durch den steigenden Konkurrenzkampf bieten sich für die Endverbraucher immer bessere Konditionen und somit verbunden sinkt die Schwelle zur Geldanlage. Längst braucht man keinen persönlichen Kundenbetreuer an der Wall Street oder anderen Börsen mehr, wie man es aus Filmen kennt. Man muss auch nicht mehr zum persönlichen Bankberater gehen und unter teuren Gebühren die eigenen Anlagen verwalten lassen, dies geht alles von zuhause aus.

Die Assetklassen

ÜBERBLICK

Häufig haben besonders Einsteiger Probleme bei ihrem Start an der Börse, denn dort werden verschiedene Assetklassen angeboten. Aus dieser Vielfalt, welche angeboten wird, resultieren häufig Unsicherheiten und eine Überforderung. Deshalb werden Sie nun einen Überblick über die Assetklassen erhalten, um an der Börse selbstbewusst und mit klarem Blick starten zu können.

Was ist eine Assetklasse?
Zunächst hilft Ihnen möglicherweise die deutsche Formulierung – Anlageklasse. Bezieht man sich auf die Fachdefinition von boerse.de, so ist eine Anlageklasse ein bestimmtes Vermögenssegment, in das investiert werden kann.[7]

Die Anlageklassen werden Ihnen in vereinfachter Form dargestellt, damit erhalten Sie einen Überblick, welcher Ihnen helfen wird, die für Sie richtige an der Börse auswählen zu können.

Hierfür werden die Assetklassen in zwei verschiedene Überpunkte unterteilt, die klassischen und alternativen Anlageklassen. Hier geht es zunächst darum, Ihnen einen Überblick zu geben, im weiteren Verlauf bekommen Sie tiefergehendes Wissen.

KLASSISCHE ASSETKLASSEN

Anleihen
Eine Anleihe ist eine festverzinsliche Schuldverschreibung mit meist

[7] https://www.boerse.de/boersenlexikon/Anlageklasse

langfristiger, jedoch vorgeschriebener Laufzeit. In einem Vertrag wird hierbei die Tilgung festgehalten. Allgemein wird dies oft bei einer langfristigen Finanzierung von Krediten eingesetzt.

Merke: meist langfristiger Zeitraum und höheres Kapital erforderlich.

Aktien

Eine Aktie ist ein Wertpapier, ein Anteil an einer Aktiengesellschaft in verbriefter Form. Durch den Kauf einer Aktie werden Käufer verschiedene Rechte zuteil und sie werden zum Miteigentümer der Aktiengesellschaft.

Merke: Ein kurzfristiger bis langfristiger Zeitraum und bereits mit kleineren Beträgen möglich. Allerdings keine festgelegte Tilgung, Dividenden oder sonstige Auszahlungen.

Spareinlagen

Sie sind das, was uns von Kindheit auf am bekanntesten vorkommen. Diese Assetklasse ist die gängigste in Deutschland, es ist die Rede von Spareinlagen. Hiermit sind Geldeinlagen bei Banken und sonstigen Kreditinstituten gemeint. Diese sind meistens grundsätzlich unbefristet und nicht für den Zahlungsverkehr geeignet. Sie erhalten für die klassische Anlage nun genauere Informationen, denn Sie wird im weiteren Verlauf dieses Buches nicht mehr ausführlicher erwähnt, wir wollen uns ja schließlich von dieser Anlageklasse entfernen.

Zunächst gibt es auch hierbei Unterschiede, denn im Gegensatz zum gängigen Tagesgeld ist eine Spareinlage in der Regel nicht täglich verfügbar bzw. hat eine festgelegte, meist monatliche Begrenzung. Im Vergleich mit dem Festgeld ist der wohl größte Unterschied, dass die Spareinlage grundsätzlich unbefristet ist. Generell ist festzuhalten, dass früher, vor Zeiten der Nullzinspolitik, die klassischen Anlageklassen auf der Bank rentabel waren. Allerdings sind die Zinsen auf Spareinlagen, Tagesgeld und Festgeld äußerst gering, bei nahezu null Prozent.

Ein Vorteil war und ist jedoch bis heute, dass das Geld bei deutschen Kreditinstituten äußerst sicher ist, denn durch freiwillige Einlagesicherungen der Banken und der gesetzlichen Einlagesicherung ist ein totaler Verlust des Geldes ausgeschlossen. Es ist aber anzufügen, dass das Geld auf den Banken nicht nur nicht mehr wird, sondern aufgrund der Inflationsraten von ca. zwei Prozent jährlich sogar klar an Wert verliert.

Merke: Spareinlagen sind unbefristet, nicht jederzeit vollständig verfügbar und zahlen letztlich nur minimale Zinsen aus, der Wert verringert sich jedoch aufgrund der Inflation.

ALTERNATIVE ASSETKLASSEN

Bei den alternativen Assetklassen werden Ihnen nur die bekanntesten vorgestellt, sonst würde der Rahmen dieses Buches überschritten werden.

Immobilien

Die wohl beliebteste alternative Anlageklasse der Deutschen sind Immobilien. Zumeist gestaltet sich die Finanzierung aus dem Stellen von Eigenkapital mit der Kombination aus Fremdkapital, in der Regel in Form eines Kredites. An der Börse ist dies etwas anders, denn dort können Sie Ihr Geld in Immobilienfonds investieren und somit an der Finanzierung teilhaben, ohne großen Geldbeutel. Hierbei wird zumeist zwischen offenen und geschlossenen Fonds unterschieden. Ein geschlossener Fond sammelt nur so lange Geld, bis die Finanzierungshöhe gedeckt ist, dann wird die Immobilie gewinnbringend vermietet oder verkauft und der

Investor wird am Gewinn beteiligt. Offene Immobilienfonds legen die Grenzen nicht zuvor fest, sie handeln vielmehr mit den Immobilien.

Merke: Meist werden Immobilien aus Eigen- und Fremdkapital finanziert, langer Zeitraum und große Geldmengen. An der Börse können Sie jedoch in Immobilienfonds investieren, mit einem mittelfristigen Zeitraum und bereits ab kleineren Geldmengen möglich.

Rohstoffe

Zunächst lassen sich auch Rohstoffe nochmals vereinfacht untereilen. Zum einen in diejenigen, welche abgebaut werden können – die sogenannten Hard Commodities, hierzu zählen z. B. Kupfer und Erdgas. Zum anderen gibt es die Rohstoffe, welche angebaut werden können – die sogenannten Soft Commodities, wie zum Beispiel Baumwolle, Soja, aber auch Nutztiere.

Zumeist werden Rohstoffe über Indizes gehandelt und nicht über direkte Investitionen. Hierfür bilden diese Indizes die Wertentwicklung eines Rohstoffes ab.

Merke: Sie können Ihr Geld in Rohstoffe anlegen, hierbei ist es sinnvoll, eine Aktie zu erwerben, welche die reale Wertentwicklung abbildet. Der Zeitraum kann völlig unterschiedlich sein, zum Beispiel investieren viele Menschen ihr Geld als Grundabsicherung langfristig in Gold, aber auch kurzfristige Spekulationen sind möglich.

Risikobeteiligungskapital

Diese unterscheiden sich von den Aktienanlagen am regulierten Aktien- bzw. Kapitalmarkt. Es wird privates Beteiligungskapital in Unternehmen investiert, welche noch nicht an der Börse notiert sind. Der Gewinn wird meistens durch den Verkauf der Anteile am Unternehmen erhalten, jedoch besteht ein hohes Risiko, denn man ist stark abhängig vom Erfolg des Unternehmens, allerdings besteht auch großes Gewinnpotential.

Merke: Individueller Zeitrahmen, hohes Risiko bei einer Beteiligung am Unternehmen bzw. häufig Start-up, hohes Verlustrisiko, jedoch auch hohe Gewinne möglich.

Neue Finanzprodukte

Die wohl mit dem größten Risiko verbundene Sparte der Anlageklassen. Hierzu zählen digitale Währungen, also die immer geläufiger werdenden Kryptowährungen. Sie sind deshalb so riskant, da sich ihr Wert stets nach dem Angebot und der Nachfrage ergibt. Dies unterscheidet Sie klar von den gängigen Währungssystemen, welche sich aus einigen Aspekten errechnen lassen, zum Beispiel der Zinspolitik, und somit staatlich gesteuert werden.

Merke: Kryptowährungen sind abhängig von Angebot und Nachfrage, staatlich nicht gesteuert und weisen eine extreme Volatilität auf. Sie sollten deshalb nur einen kleineren Prozentsatz in Ihrem Depot aufweisen.

ZUSAMMENFASSUNG

Die verschiedenen Anlageklassen sollen die Vielfalt an der Börse ordnen, also das Anlageuniversum unter Kontrolle bringen. Die Assetklassen gliedern diese Vielfalt bezüglich ihres Anlagehorizontes, der Höhe, dem Risiko und dem Verhältnis zur Rendite. Es hängt somit von Ihnen als Anleger ab, welche Assetklassen für Sie geeignet sind und welche nicht. Dies hängt von mehreren Indikatoren ab, zum Beispiel der Geldmenge, welche investiert werden soll, dem Anlagehorizont, der Liquidität (siehe Wörterlexikon), der Kapitalanlage, den allgemeinen Rentabilitätsanforderungen und der Risikobereitschaft der Anleger. Grundsätzlich bietet Ihnen die Aufteilung der Anlageklassen eine klare Übersicht über Ihr Depot. Jede hat hierbei ihre individuellen Risiken und Chancen, mit höheren Renditen gehen höhere Risiken einher. Durch Diversifikation, also breit gestreute Anlagen und Investments in unterschiedliche Assetklassen, gleichen sich diese insgesamten Verluste einzelner Anlagen aus, sodass mit größerer Streuung bzw. Diversifikation das Verlustrisiko gesenkt wird.

Was wird an der Börse gehandelt?

Im Kapitel der „Assetklassen" haben Sie bereits einen ersten Überblick über die klassischen und alternativen Anlageklassen erfahren. Nun werden Sie Fachkenntnisse und vertiefendes Wissen bezüglich der einzelnen Sparten kennen lernen. Nutzen Sie Ihr Vorwissen, um einen klaren Kopf und vor allem den Überblick zu behalten.

AKTIEN

Zu Beginn wird Ihnen mehr zum Thema Aktien erörtert. Sie wissen bereits, dass Aktien Wertpapiere sind, welche Ihnen mit dem Erwerb einen Anteil an einer Aktiengesellschaft (folgend AG) zusichern bzw. verbriefen, Sie werden zum Miteigentümer. Ein Unternehmen nutzt den Verkauf von Anteilen bzw. Aktien meisten, um sich Eigenkapital heranzuschaffen. Im Vergleich: Wenn sich ein Unternehmen einen Kredit bei einer Bank holt, so muss sie diesen zurückzahlen.

Das ist bei Aktien nicht der Fall, es ist einem Unternehmen also möglich, an Geld zu kommen, indem es an der Börse Aktien platziert und diese an seine Investoren verkauft. Ein Investor kann laut dem Duden eine „Person, Firma oder Ähnliches sein, die investiert, also das Kapital anlegt". Mit dem somit entstandenen Eigenkapital ist es einem Unternehmen möglich, die Geschäftsentwicklung samt Expansion und Forschungen zu finanzieren.

Zudem ist das vorhandene Eigenkapital auch für das alltägliche Geschäft von großer Bedeutung. In Deutschland reguliert die Deutsche Börse AG den Kapitalmarkt. Dieses wird in der Exekutive, also in der Ausführung, durch Handelssysteme vertreten. Die hierbei geläufigste ist die Handelsplattform Xetra. Nachdem Sie eine Aktie gekauft haben, so werden Sie dadurch zum Mitbesitzer am Unternehmen, dies wird in der Fachsprache als Anteilseigner bezeichnet. Diesen werden bestimmte (Mitsprache-) Rechte an einer AG zugesprochen. Das ist wieder abhängig davon, ob Sie Vorzugs- oder Stammaktien beim Unternehmen erworben haben. Während die Vorzugsaktien kein Stimmrecht für die Jahreshauptversammlung integriert hat, zahlt Sie zumeist jedoch eine höhere Dividende an ihre Aktionäre aus. Hingegen haben die Stammaktionäre dieses Stimmrecht mit verbrieft, somit dürfen Sie an der Jahreshauptversammlung nicht nur teilnehmen, sondern auch ihre eigene Meinung einbringen.

Wem gehören die Aktien überhaupt und welche Aktienarten gibt es?

Grundsätzlich kann in drei verschiedene Aktienarten unterschieden werden, welche von Unternehmen zum Verkauf ausgegeben werden. Die Unterschiede machen sich im weiteren Verlauf in der Kontrolle über die Mehrheitsverhältnisse eines Unternehmens bemerkbar. Denn mit einem Aktienkauf sichert sich der Anleger verbriefte Wertpapiere, welche mit bestimmten Rechten einhergehen. Dies hängt auch mit der Anzahl der Anteile zusammen, sprich, je nachdem, wie viel ein Aktionär oder eine Investorengruppe sich von einem Unternehmen zusichert, verändert sich auch die rechtliche Situation. Kurz gesagt: Mit steigender Anteilshabe an einem Unternehmen steigt auch das Mitsprachrecht.

Die Folge ist, dass viele Unternehmen nur noch Namensaktien bis hin zu vinkulierten Namensaktien zur Verfügung stellen. Dies tun Sie, um nicht die Kontrolle über ihre Entscheidungsfähigkeit zu verlieren bzw. damit sie diese absehen und besser steuern können.

Namensaktie:

Eine Namensaktie wird auf einen bestimmten Aktieninhaber ausgestellt. Sie ist verknüpft mit dem Geburtsdatum und der Adresse des Aktionärs. Wenn dieser das Wertpapier nun verkauft, so werden seine beim Kauf angegeben Daten wieder aus dem Aktienregister gelöscht und die Daten des neuen Inhabers werden aufgenommen. Doch keine Sorge, das heißt nicht, dass, wenn Sie eine Aktie kaufen oder verkaufen, Sie sich darum eigenständig kümmern müssen, in Deutschland wird das für uns von den allermeisten Depotbanken automatisch übernommen. Für ein Unternehmen ist dies jedoch wichtig, da es durch das Aktienregister stets den Überblick bewahrt, wer am Unternehmen beteiligt ist und wie viele Anteile an der Gesellschaft besitzt werden.

Vinkulierte Namensaktie:

Das hört sich zunächst komplizierter an als es in Wirklichkeit ist. Die vinkulierte Namensaktie ist ein Sonderfall der Namensaktie. Letztlich sichert sich das Unternehmen hier lediglich zu, dass es dem Verkauf einer Aktie erst zustimmen muss. Gesellschaften sichern sich hiermit die Kompetenz zu, dass sie die volle Kontrolle über die Aktionärsstruktur haben bzw. sogar gemäß gesetzlichen Vorgaben die Kontrolle haben müssen. Ein wichtiger Sicherheitsaspekt ist zudem, dass somit technische Transfers verhindert werden können, dies wird strikt und aktiv durch die Bundesrepublik Deutschland kontrolliert.

Inhaberaktie:

Der Käufer einer Aktie bleibt stets anonym und kann mit dem gekauften Wertpapier immer uneingeschränkt handeln. Dadurch werden keine Aktionäre im Aktionärsregister festgehalten und dokumentiert, woraus sich für das Unternehmen Nachteile ergeben. Denn somit erfährt die Gesellschaft nicht, wenn sich beispielsweise ein Großinvestor in das Unternehmen einkauft.

Dies verändert nämlich die Rechtslage, denn wenn ein Investor über 25 % Prozent an einem Unternehmen erworben hat, so besitzt er eine sogenannte „Sperrminorität". Das bedeutet, dass er sich ein Mitbestimmungsrecht bis hin zu einem Veto erwirbt. Somit besteht für diesen die Möglichkeit, dieses Recht beispielsweise an einer Hauptversammlung einzufordern. In der Praxis kann das bedeuten, dass, wenn ein Unternehmen zum Beispiel Änderungen in seiner Satzung vornimmt oder sich mit anderen Gesellschaften fusionieren möchte, der Groß- Anteilshaber dies an der Hauptversammlung in Frage stellen kann.

Es wird dann eine neue Abstimmung einberufen und wenn eine sogenannte qualifizierte Mehrheit von mehr als 75 % Prozent erreicht wird, wird das geplante Vorhaben nicht durchgeführt. In anderen Ländern, wie zum Beispiel in den Vereinigten Staaten von Amerika, sind Inhaberaktien verboten und es werden nur Namensaktien an der Börse zur Verfügung gestellt.

Was ist eine Aktiengesellschaft?

Eine Aktiengesellschaft (AG) ist grundsätzlich eine Kapitalgesellschaft, vergleichbar mit den Ihnen bekannten Gesellschaften mit beschränkter Haftung (GmbH). Um eine Aktiengesellschaft zu werden, benötigt ein Unternehmen ein Mindestkapital von 50.000 €, welches sie grundsätzlich zu 100 % Prozent in Aktien ausgeben darf. Der AG bleibt die Entscheidung überlassen, in welcher Größe Sie eine Aktie ausgeben möchten. Des Weiteren kann eine AG eigenständig entscheiden, welche Geschäftsanteile Sie frei zur Verfügung stellt. Dies wird an der Börse als sogenannter „Free Float" bezeichnet und beschreibt eben die Aktien, die zum Handel für alle Marktteilnehmer zur Verfügung stehen, diese können nun von den Aktionären gekauft und verkauft werden.

Der bedeutsamste Vorteil bzw. der Hauptgrund, warum dies für Unternehmen rentabel ist, ist, dass bei der Aktienausgabe die Aktien als

Eigenkapital bilanziert werden können. Im Vergleich zu einem aufzunehmenden Kredit muss dies eben nicht zurückgezahlt werden. Allerdings ist die Kehrseite der Münze, dass die Unternehmen mit jedem verkauften Anteil auch Kontrolle über ihre Gesellschaft abgeben. Deshalb kaufen große, an der Börse notierte Unternehmen, wie beispielsweise Apple, auch stückweise einzelne Bruchteile ihrer ausgegebenen Aktienanteile eigenständig zurück, damit Sie wieder mehr Kontrolle über ihr Unternehmen erlangen.

Einige Aktiengesellschaften entscheiden sich dafür, den Aktionären als Anreiz eine Dividende auszuschütten.

Was ist eine Dividende?

Eine Dividende ist eine Gewinnbeteiligung an einem Unternehmen. Der Aktionär profitiert von positiven Entwicklungen seines Investments und bekommt somit Gewinne ausbezahlt, ohne seine Anlage verkaufen zu müssen.

Grundsätzlich besteht eine AG aus einem Vorstand, welcher von einem zweiten Organ, dem Aufsichtsrat kontrolliert wird. Dieser hat die Aufgabe, den Vorstand des Unternehmens zu überwachen, und prüft beispielsweise den Jahresabschluss, welcher vom Vorstand vorgelegt wurde. Die Aktionäre der AG sind letztlich das beschließende Organ und geben den Beschlüssen des Vorstands an der Hauptversammlung ihre Zustimmung oder ordnen eine neue Überprüfung der Beschlüsse an. Die Rechte des Aktionärs variieren jedoch und sind letztlich abhängig von seinem jeweilige Aktienanteil. Dadurch verändern sich die Stimmrechte für beispielsweise Satzungsänderungen.

Das IPO

Das IPO bedeutet wörtlich „Initial Public Offering“ und bedeutet ins Deutsche übersetzt „erstmaliges öffentliches Anbieten“, an der Börse ist auch von einer „Neuemission" die Rede. Unternehmen, welche an der Börse handelbar sein möchten, also Aktien von sich dort anbieten möchten, müssen dieses IPO durchführen. Früher haben IPOs einen wahren Hype unter Aktionären entfacht und es gab wöchentlich große Aufruhr um die Neuemissionen. Viele Börsianer waren davon überzeugt, dass dies die günstigste Einstiegsmöglichkeit in ein Unternehmen sei und der Gewinn praktisch total sicher ist.

Die Anleger und Unternehmen dachte, dass durch die IPOs der Weg zum schnellen Geld möglich ist, dies ging jedoch beinahe immer irgendwann schief. Denn letztlich bleiben an der Börse nur diejenigen Unternehmen langfristig erfolgreich, welche mit Innovationen und einem qualifizierten Management organisiert und strukturiert arbeiten. Eine Neuemission oder IPO eignet sich jedoch trotz alldem für manche Unternehmen als geeigneter Weg zur Finanzierung, ohne einen Kredit aufzunehmen. Diejenigen Unternehmen, welche substanziell gut arbeiten, werden meist durch einen Börsengang belohnt.

Die neuen Möglichkeiten, die durch das finanzielle Wachstum entstehen, lassen ein Unternehmen rasch wachsen. Des Weiteren ist es Ihnen dadurch möglich, sich neue Märkte und damit ein besseres Netzwerk zu sichern sowie beispielsweise günstigere und effizientere Produktionsmöglichkeiten zu erhalten. Ein hierfür bekanntes deutsches Unternehmen ist „TeamViewer", welches aufgrund der Corona-Krise und den entstehenden (Wachstums-) Chancen erkannt hat, dass ein großer Zuspruch an der Börse wartet. Somit konnte sich dieses Unternehmen rasch eine große Finanzierungshilfe durch seinen Börsengang und der zusammenhängenden IPO sichern, sodass sich das Wachstum exponentiell nach oben entwickeln konnte.

Des Weiteren sind einige vorbereitende Maßnahmen zu erledigen, bevor ein Unternehme ein IPO durchführen kann. Zunächst muss sich eine Zustimmung bei der Deutschen Börse AG eingeholt werden, diese ist, wie sie bereits wissen, eine kontrollierende Institution mit regulierendem Charakter. Zudem benötigt das Unternehmen ein sogenanntes Konsortium. Dies bedeutet, dass das Unternehmen in Zusammenarbeit mit verschiedenen Banken Anteile an deren Kunden verkauft. In der Praxis bedeutet dies, dass die Banken ihren Kunden das Unternehmen vorstellen und diese zum Kauf von Anteilen anwerben. Die Banken agieren hierbei durch sogenannte Konsortialführer, welche das IPO bis zum letztlichen Börsengang begleiten. Grundsätzlich können die Anteilshaber Privatpersonen sein, jedoch werden meistens größere Geldmengen benötigt, sodass überwiegend Fondsgesellschafften und andere institutionelle Großanleger Anteile an den IPOs übernehmen. Auf das Unternehmen kommen noch viele weitere rechtliche und inhaltliche Anforderungen zu, damit es in eine Aktiengesellschaft umgewandelt werden kann.

Aktiengewinne und Steuern

Auf der Internetseite der Deutschen Börse AG finden Sie genauere Informationen und die nun folgenden sind inhaltlich dort entnommen.[8] Es geht um die Besteuerung eines in der Bundesrepublik Deutschland unbeschränkt steuerpflichtigen Kunden, bei welchem das Wertpapier dem Privatvermögen zuzuordnen ist. Sie werden hier Fachwissen über das deutsche Steuerrecht erhalten, welches für Sie als in der Bundesrepublik Deutschland Ansässige von Bedeutung ist, da Sie nach deutschem Gesetz Ihre Aktien und deren Gewinne daraus versteuern müssen.

Dies ist auf dem aktuellen Stand 2021, unterliegt jedoch stetigen Änderungen. Allgemein müssen Sie als steuerpflichtiger Bürger auf sämtliche Einkommensquellen aus Kapitalerträgen Kapitalertragssteuer zahlen, diese ist in der umgänglichen Sprache als die Abgeltungssteuer

8 https://www.deutsche-bank.de/dam/deutschebank/de/shared/pdf/ser-steuerliche-hinweise-aktien.pdf

bekannt. Darunter zählen auch zum Beispiel die Dividenden und Zinsgewinne aus Investitionen sowie die Stillhalterprämien und sonstige Veräußerungen. Zudem kommen noch die Gewinne aus Aktien, Zertifikaten und allgemeinen Termingeschäften unabhängig von der Laufzeit oder auch der Haltedauer hinzu. Diese Gewinne müssen nun mit einem pauschalen Steuersatz von 25 % Prozent beglichen werden, zuzüglich des Solidaritätszuschlages und möglicherweise der Kirchensteuer, sodass weitere 5,5 % Prozent anfallen. Generell können sich jedoch Steuerpflichtige in Deutschland, welche einem niedrigerem Grenzsteuersatz unterliegen, die Differenz zwischen der einbehaltenen Kapitalertragssteuer und dem jeweils geltenden Steuersatz des Finanzamtes erstatten lassen, dies wird in der Fachsprache auch als die Günstigerprüfung benannt.

Für einzelne Personen, welche in Deutschland steuerpflichtig sind, gilt ein pauschaler Sparerfreibetrag von 801 € Euro pro Jahr. Wenn Sie eine eingetragene Lebenspartnerschaft haben oder verheiratet sind, so summiert sich der Betrag auf 1602 € Euro im Jahr. Diese Abgeltungssteuer wird immer durch das jeweils zuständige kontoführende inländische Finanzdienstleistungs- oder Kreditinstitut einbehalten. Wenn Sie Ihr Depot oder Konto bei einem ausländischen Anbieter eines Finanzdienstleistungs- oder Kreditinstitutes haben, so sind die laufenden Erträge und Gewinne aus einer Rückzahlung, Veräußerung, Einlösung oder Abtretung vom Steuerpflichtigen in der jeweiligen Einkommenssteuererklärung anzugeben und diese werden dann vom Finanzamt im Rahmen der Veranlagung nach den geltenden Abgeltungssteuergrundätzen versteuert. Die steuerpflichtigen Einkünfte aus den Kapitalvermögenswerten gehören neben Gewinnen aus Aktien in ausländische und inländische Gesellschaften dazu.

Zudem zählen die jeweiligen Verluste oder auch Gewinne aus den Veräußerungen von Aktien ab dem 31.12.2008 unabhängig von ihrer

Haltedauer zu den zu versteuernden Einkünften aus Kapitalvermögen. Doch wie errechnet man nun die Gewinne und Verluste sowie die allgemeine Verlustverrechnung? Dies ergibt sich aus der Verrechnung der gemachten Verluste und Gewinne eines Unternehmens zwischen den Einnahmen und den dafür notwendigen Veräußerungen nach Abzug der jeweiligen Ausgaben, welche im unmittelbaren Zusammenhang mit dem Veräußerungsgeschäft stehen. Zudem rechnet man nun die Anschaffungskosten und deren Nebenkosten hinzu. Bei Geschäften, welche in einer anderen Währung als dem Euro durchgeführt wurden, sind die jeweiligen Einnahmen zum Zeitpunkt der Veräußerung und die dazugehörigen Anschaffungskosten zu deren Zeitpunkt der Anschaffung in Euro umzurechnen. Wenn Sie Verluste bei dem Verkauf von Aktien einfahren, so können Sie im Rahmen der Abgeltungssteuer nur mit anderen Veräußerungsgewinnen aus Aktien verrechnet werden, hierbei ist diese Verrechnung der Verluste allerdings nicht mit gemachten Kapitalerträgen aus Veräußerungsgewinnen, Dividenden und sonstigen Wertpapieren als Aktien zu tätigen.

Zudem können die Verluste aus dem Kapitalvermögen mit den Gewinnen aus der Veräußerung von Aktien uneingeschränkt verrechnet werden. Gemäß der Internetseite dürfen nach den gesetzlichen Änderungen, welche seit dem 01.01.2020 gelten, die „Verluste aus der Uneinbringlichkeit einer Kapitalforderung, aus der Ausbuchung wertloser Wirtschaftsgüter im Sinne des §20 Abs. 1 EStG bzw. deren Übertragung auf einen Dritten oder aus einem sonstigen Ausfall von diesen Wirtschaftsgütern nur mit Einkünften aus Kapitalvermögen bis zur Höhe von 10.000 € Euro ausgeglichen werden können“. Allerdings dürfen die nicht verrechneten Verluste auf das Folgejahr vorgetragen werden und somit in den folgenden Jahren nicht verrechnet werden.

Aktienkurse und deren Beobachtung

Der erste Aktienkurs eines Unternehmens wird in der sogenannten „Bookbuildingsphase" festgelegt. Diese Phase wird im Deutschen als „Zeichnungsfrist" betitelt. In diesem Zeitabschnitt, bevor das Unternehmen an der Börse gelistet wird, sollen interessierte Anleger ein Preisgebot abgeben. Dieses resultiert aus der Basis ihrer zuvor getätigten Aktienanalyse. Am ersten Tag wird nun der zuvor festgelegte Ausgabepreis bekannt gemacht und die Aktie bekommt normalerweise aufgrund des medialen Aufschwungs bzw. Trubels um sie herum einen kleinen bis exponentiellen Boost nach oben. Ein weiterer bedeutsamer Gradmesser, welcher für die Aktienkurse und -bewegungen verantwortlich ist, ist die Unternehmensentwicklung. Diese wird messbar gemacht in der jeweiligen Berichtsaison eines Unternehmens. Diese findet vierteljährig, also einmalig pro Quartal statt und zeigt den Aktionären und der Außenwelt öffentlich, wie erfolgreich oder auch nicht erfolgreich das vorherige Quartal lief.

Nun werden Sie noch zwei weitere, etwas speziellere Fälle kennenlernen. Nachdem es zunächst um diejenigen Kunden ging, welche unbeschränkt in Deutschland steuerpflichtig ihr Privatvermögen besteuern müssen, geht es nun darum, was die unbeschränkt steuerpflichtigen Kunden, bei welchen das Wertpapier dem Betriebsvermögen zuzuordnen ist, tun müssen. Denn hierbei unterliegen die Dividendenzahlungen nur zu 60 % Prozent der Besteuerung, nach der Anwendung der sogenannten Teileinkünfteverfahren.

Dies bezieht sich auch auf die Gewinne, welche bei der Veräußerung einer Aktie mit einer positiven Differenz zwischen den Anschaffungskosten und dem Veräußerungserlös liegen. Die Veräußerung von Aktien, welche Verluste eingefahren haben, sind im Gegensatz nur zu 60 % Prozent steuerlich abzugsfähig. Wenn ein Unternehmen weniger als 10 % Prozent an Kapital einer AG an Beteiligung hat, so ist es möglich, wenn es sich um eine in der Bundesrepublik Deutschland unbeschränkt steuerpflichtige Körperschaft handelt, dass die Zahlungen aus Dividenden der Körperschaftssteuer fallen. Dies gilt, wenn das Unternehmen den Bestandteil des Wertpapiers als Betriebsvermögen belegt. Bei einer Veräußerung von Aktien werden die Gewinne und Verluste bei der Besteuerung von Körperschaften außer Acht gelassen.

Von den jeweiligen Erträgen, durch beispielsweise Dividenden oder durch andere Gewinne, werden bei einer Beteiligung am Kapital einer AG von mindestens 10 % 5 % als sogenannte steuerlich nicht abzugsfähige Betriebsausgaben betrachtet. Sofern die Anteile von Wertpapieren zum jeweiligen Betriebsvermögen eines Gewerbes zählen, welches Deutschland zugehörig ist, so muss auf die Erträge und Gewinne eine sogenannte Gewerbesteuer gezahlt werden. Diese unterscheidet sich in ihrer Abgabehöhe von Kommune zu Kommune, gemäß dem in Deutschland geltenden Föderalismus. Allerdings ist es vom Ort unabhängig, dass bei deutschen Dividendenzahlungen eine 25-prozentige Kapitalertragssteuer zu zahlen ist, zudem kommen, wie sie bereits erfahren haben, zumindest der 5,5 % Prozent hohe Solidaritätszuschlag.

Wenn Sie nun Ihr Depot bei einem deutschen bzw. inländischen Finanzdienstleister oder Kreditinstitut haben, so erfolgt auch dieser Steuerabzug auf Dividenden, welche ausländische Firmen ausbezahlen. Dies gilt ebenfalls für die gemachten Gewinne, welche Sie beim Verkauf von inländischen und ausländischen Aktien machen, welche im Betriebsvermögen gehalten werden. Hierbei hat diese Kapitalertragssteuer aber nicht die Wirkung einer Abgeltungssteuer. Sie wird lediglich als Vorauszahlung auf die persönliche Körperschaftssteuerschuld und Einkommensteuerschuld sowie auf den jeweiligen Solidaritätszuschlag des Inhabers des Wertpapieres angerechnet und abgezogen. Hierbei ist es grundsätzlich möglich, dass eine Abstandsnahme des Kapitalertragsteuerabzugs auf die gemachten Gewinne aus den Verkäufen oder

Rückzahlungen von Wertpapieren für die im Betriebsvermögen gehaltenen Wertpapiere gemacht werden kann.

Letztlich werden Sie nun noch Genaueres zu den Besonderheiten der Besteuerung von einer in der Bundesrepublik Deutschland nicht unbeschränkt steuerpflichtigen Person erfahren. Diese Regelungen gelten für Menschen, welche nicht in Deutschland steuerlich ansässig sind, da sie ihren gewöhnlichen Aufenthalt, ihren festen Wohnsitz und auch den Ort ihrer Geschäftsleitung außerhalb Deutschlands haben. Diese Personen werden in der Fachsprache als Steuerausländer bezeichnet, welche zum Beispiel auf inländische Dividenden der beschränkten Steuerpflicht in Deutschland zugehören. Gemäß der Deutschen Börse AG gelten „mit Abzug der 25 % prozentigen Kapitalertragsteuer (zuzüglich 5,5 % Prozent Solidaritätszuschlag hierauf) als abgegolten. Ggf. kann auf Basis eines bestehenden Doppelbesteuerungsabkommens zwischen Deutschland und dem Ansässigkeitsstaat des Anlegers ein Rückerstattungsanspruch bezüglich der erhobenen Kapitalertragsteuer geltend gemacht werden“. Im Gegensatz dazu werden bei Dividenden von ausländischen Gesellschaften, sowie deren Gewinne aus dem Verkauf bei inländischen und ausländischen Aktien, keine steuerliche Abzüge gemäß der deutschen Besteuerung anfallem

Was bewegt Aktienkurse?

Grundsätzlich ist es jedoch so, dass Sie als Privatanleger und auch erfahrene Experten niemals den Verlauf einer Aktie bzw. deren Kurs zu einhundert Prozent vorhersagen können. Auch wenn immer wieder Spezialisten Erklärungen für die Kursbewegungen der Vergangenheit suchen und finden, keiner kann die Zukunft vorhersehen. Jedoch gibt es verschiedene Methoden, mit welchen man die Wahrscheinlichkeit erhöhen kann, um Kurse zu prognostizieren. Die fundamentale und auch die am Chart orientieren Analysen sind die bekanntesten und meistverwendeten Analysetechniken, hierzu erfahren Sie später mehr.

Zusammenfassung zum Thema Aktien

Abschließend wird für Sie nun das Thema Aktien nochmals zusammengefasst. Dies sind lediglich Tipps, jedoch empfehlen diese sich besonders für Einsteiger an der Börse. Eine wichtige Regel ist es, dass Sie sich niemals einen Kredit holen, um an der Börse größere Geldmengen bzw. mit höherem Kapital investieren zu können.

Generell sollten Sie auch die Finger von sonstigen Finanzprodukten lassen, welche erfordern, bei Verlusten nochmals Geld investieren zu müssen. Des Weiteren sollten Sie sich nicht darüber definieren, möglichst rasch Gewinne durch Aktien zu realisieren, umso länger der Anlagehorizont, desto geringer wird das Verlustrisiko. Zudem sollten Sie nicht nur auf ein Pferd setzen, also Ihr Vermögen auf mehrere Unternehmen aufteilen. Somit wird sich das Risiko weiter minimieren, denn wenn ein Unternehmen starke Verluste einfährt, so fangen die anderen diese wieder auf, sodass Ihr Depot im Allgemeinen die Waage hält.

Des Weiteren sollten Sie keinesfalls Ihr gesamtes Kapital auf einmal investieren, sondern in mehreren Aufteilungen bzw. Tranchen zu unterschiedlichen Tagen bzw. Zeitpunkten anlegen. Wichtig ist ebenfalls, sich einzugestehen, dass die Unternehmensstruktur für Sie als Einsteiger auch einmal zu komplex sein kann. Sie müssen sich im Klaren darüber sein, dass man als Beginner nicht in jedes Unternehmen investieren sollte, denn es ist von großer Bedeutung, sein Kapital in Unternehmen zu investieren, welche man versteht und zu denen man einen realen Bezug hat, und nicht in irgendetwas Vielversprechendes anzulegen.

Sie sollten ebenfalls nicht blind nach irgendwelchen Vorschlägen und Empfehlungen von Freunden oder Experten handeln. Machen Sie sich ein eigenes Bild von dem Unternehmen und setzen Sie sich mit dieser auseinander. Generell ist es langfristig unausweichlich, dass Sie sich und Ihre Finanzbildung fördern und sich stets weiterbilden. Denn es ist wichtig, den jeweils aktuellen Markt zu verstehen und Trends zu erkennen. Es kann hilfreich sein, sich in Blogs von Experten einzulesen und an diesen teilzuhaben, möglicherweise entsteht ein Austausch mit anderen Aktionären. Das ist ebenfalls äußerst empfehlenswert – finden Sie Menschen um sich herum, welche auch an der Börse aktiv sind! Tauschen Sie mit Ihnen eigene Erfahrungen, es wird ein Mehrwert für beide Parteien entstehen. Des Weiteren ist es lohnenswert, sich Bücher (wie dieses) durchzulesen, um sich fortzubilden. Dadurch wird sich Ihre Finanzbildung erweitern und diese benötigen Sie an der Börse, um eigenständige (Anlage-) Entscheidungen treffen zu können.

INVESTMENTFONDS

Im folgenden Abschnitt soll es um Investmentfonds gehen, Sie erhalten hier einen Überblick und eher zusammengefasste Informationen. Diese werden für Einsteiger jedoch für das Erste genügen, allerdings empfiehlt es sich, wie bei den anderen inhaltlichen Abschnitten auch, dass Sie dieses Grundlagenwissen weiter vertiefen. Aber jetzt los.

Was ist ein Investmentfonds?
Einen Fonds können Sie sich wie einen großen Topf vorstellen. In diesen legen Anleger ihr Geld und vertrauen es dem Fonds an. Diesem steht nun eine größere Geldmenge als nur das eigene Kapital zu Verfügung. Das Geld legt der Fonds nun an. Grundsätzlich kann er dies in alles investieren, also in Rohstoffe, Aktien, Indizes, Immobilien etc. Hierfür verantwortlich sind die jeweiligen Fondsmanager. Der Fonds stellt das eigene Wissen natürlich nicht kostenlos zur Verfügung, sondern erhält von Ihnen als Anleger eine Provision bzw. eine Gewinnbeteiligung.

Grundsätzlich ist es jedoch so, dass das Eigenkapital des Fonds von dem Geld der Anleger (Sondervermögen) getrennt behandelt wird. Das ist wichtig, denn bei einem Bankrott des Fonds oder generell bei wirtschaftlichen Schwierigkeiten sind die Anlagen der Investoren gesichert bzw. geschützt. Der Wert eines Anteils am Fonds berechnet sich, indem man die im Fonds enthaltenden Vermögenswerte durch die Anzahl der Fondsanteile teilt, dies nennt man dann „Net Asset Value" - NAV. Fondsanteile können Sie auch in Bruchstücken erwerben, sodass Sie diese in monatlichen Sparplänen erwerben können. Der „Cost Average Effekt" kann hieraus resultieren bzw. wird effektiv.

Der „Cost Average Effekt"

Wörtlich übersetzt meint dies den Durchschnittskosteneffekt. Gemäß der „Commerzbank" können Anleger mit Hilfe des „Cost Average Effekt" ihre Rendite durch die regelmäßigen Einzahlungen in einen Sparplan erhöhen.[9] Sie können in diesem Sparplan Aktien, Fonds, ETFs oder festverzinsliche Wertpapiere kaufen. Dadurch, dass Sie als Anleger einen festen Sparbetrag im Monat investieren, entsteht dieser Effekt.

Bei fallenden Kursen erhalten Sie als Anleger mehr Anteile bzw. bei steigenden Kursen erhalten Sie als Anleger weniger Anteile an Wertpapieren. Mit Hilfe eines Sparplans zahlen Sie dann daher einen günstigen Durchschnittspreis für Ihre Anteile. Wenn jetzt die Einmalanleger im Vergleich einen unterdurchschnittlich günstigen Preis erzielen beim Kauf, so haben diese eine höhere Rendite. Allerdings wird dem Risiko durch den Sparplan entgangen, bei einem Kurshoch einzusteigen, man sinkt letztlich das Anlagerisiko.

9 https://www.commerzbank.de/portal/de/ratgeber/finanzen/was-ist-der-cost-average-effekt.html

Arten und Eigenschaften der Fonds

Publikumsfonds

Dieser Fonds richtet sich nicht nur an Großinvestoren, sondern ist auch für Privatanleger mit kleinem Kapital geeignet. Ihnen kommen für die Teilhabe nur geringe finanzielle Anforderungen als Investor entgegen.

Spezialfonds

Diese können äußerst unterschiedlich sein, jedoch, damit Sie sich etwas darunter vorstellen können, hier ein Beispiel aus der Praxis: Ein Spezialfonds wir oftmals von größeren Unternehmen erstellt, damit die Mitarbeiter eine gesonderte Rentenzahlung oder auch Pensionsgelder erhalten.

Allerdings können Kleinanleger oder sonstige Privatpersonen mit niedrigem Anlagekapital nicht partizipieren, die Fonds sind für hohe Geldbeträge ausgelegt.

Offene und geschlossene Investmentfonds

Die Unterscheidung ist einfach. Ein offener Investmentfonds zielt generell auf Kapitalerhöhungen bzw. -gewinne ab und geht theoretisch ins Unendliche, ein Investitionsende gibt es nicht, während ein geschlossener Fonds Geld sammelt, um zum Beispiel größere Projekte finanzieren zu können. Wenn der Zielbetrag einmal erreicht wurde, so werden die Gelder für einen festgelegten Zeitraum zweckgebunden und können weder ab- noch zufließen. Aus diesem Grund ist die Größe der Fondsanteile zuvor festgelegt und nicht verhandelbar. Bei geschlossenen Investmentfonds besteht jedoch grundsätzlich das Risiko eines Totalverlustes und generell haben diese bei Finanzexperten einen eher schlechten Ruf, da das Chance-Risiko-Verhältnis nicht ausgewogen ist.

Bei einem offenen Investmentfonds können die Anteile der Investoren normal gehandelt werden. Hierzu haben die Fonds sogenannte

Kapitalverwaltungsgesellschaften, welche täglich einen Rücknahmepreis veröffentlichen. Zudem können die Anteile meistens an der Börse gekauft und verkauft werden.

Grundsätzlich gibt es die unterschiedlichsten Arten von Fonds, diese reichen von Aktien-, Rohstoff-, Immobilien- bis zu Rentenfonds. Es gibt also eine breite Auswahl an Investmentmöglichkeiten für Sie als Anleger. Aber fast alle Fonds, bis auf einzelne Ausnahmen, werden von den Fondsmanagern aktiv betreut. Diese legen das entstandene Kapital an. Nachvollziehbar ist dies für Sie als Anleger stets in den jeweiligen Verkaufsprospekten oder auf den Internetseiten des Fonds. Die Fondsmanager haben die Hauptaufgabe, das Kapital des Fonds stets zu erhöhen, indem sie das Geld sinnvoll anlegen.

Wie kann man erkennen, welche Fonds rentabel sind?

Grundsätzlich lässt sich die Entwicklung eines Fonds an der Performance der Vergangenheit operationalisieren. Man vergleicht die Investmentfonds untereinander in der jeweiligen Branche. Betrachtet man nun die prozentualen Veränderungen und vergleicht diese, so sieht man, wie sich der jeweilige Fonds geschlagen hat. Wenn Sie einen Fonds auswählen, dann sollten Sie sich jedoch nicht ausschließlich von vergangenen Erfolgen leiten lassen. Denn wichtiger ist die Zukunft, also die Zeit, in der Ihr Geld im Fonds angelegt ist.

Sie müssen sich letztlich immer mit dem Fonds direkt auseinandersetzen – Analysen von Fachexperten lesen, die Internetseiten der Unternehmen betrachten etc. Das alles hört sich jedoch schwieriger an, als es ist, am Ende müssen Sie ein gutes Gefühl haben. Beachtenswert ist, dass es Fonds gibt, welche ihre Gewinne ausschütten, und welche, die diese direkt reinvestieren.

Ausschüttender Fonds:
Ein ausschüttender Investmentfonds schüttet die gemachten Gewinne an seine Anleger direkt aus. Somit ist dies besonders für Neulinge an der Börse empfehlenswert bei langfristigen Geldanlagen. Ihnen als Anleger wird es so möglich, von allgemein steigenden Kursen zu profitieren, und gleichzeitig erhalten Sie Gewinnbeträge immer wieder ausbezahlt.

Thesaurierender Fonds:
Die thesaurierenden Fonds reinvestieren ihre Gewinne hingegen wieder. Der Nachteil ist, dass Sie als Anleger Gewinne letztlich nur erzielen, wenn Sie Anteile des Fonds zu einem höheren Verkaufspreis als Einkaufspreis verkaufen.

Der Vorteil, der entstehen kann, ist jedoch, dass der Kurs möglicherweise durch die Reinvestitionen deutlicher ansteigt als bei thesaurierenden Fonds. Zudem kommt, dass dieser die gemachte Gewinne nicht ausschüttet und somit auch steuerlich keine Kosten anfallen für Sie als Anleger.

So findest du deinen Investmentfonds
Wie Sie bereits kennen gelernt haben, gibt es die unterschiedlichsten Investmentfonds, im Folgenden lernen Sie die fünf bekanntesten Fonds kennen. Dies wird Ihnen behilflich sein, anhand von Rahmenpunkten zu erkennen, welche Investmentfonds für Sie am besten geeignet sind.

Der Rentenfonds
Beginnen wir mit den Rentenfonds, die am zweit meisten bestehende Fondsgruppe weltweit und Deutschlands. Ein Rentenfonds investiert in verzinsliche Wertpapiere, also zum Beispiel in staatliche und unternehmensbezogene Anleihen mit unterschiedlichsten Laufzeiten. Die Zinsen, welche der Fonds auf die Wertpapiere erhält, bilden die Erträge des

Fonds ab. Grundsätzlich haben Rentenfonds begrenzte Risiken und man kann mit mittelmäßigen Erträgen rechnen. Ein Anlagehorizont von mindestens zwei Jahren ist empfehlenswert. Grundsätzlich ist es sinnvoll, in Rentenfonds zu investieren, wenn Sie ein eher risikoscheuer Anleger sind.

Der Immobilienfonds

Sie haben hierzu nun schon einiges erfahren können und kennen bereits die zwei grundsätzlich zu unterscheidenden Fondsmodelle – den geschlossenen und den offenen Immobilienfonds. Im Jahr 2008 gab es die große Finanzkrise, in welcher besonders die Immobilienbranche von Panikverkäufen tangiert wurde. Um dies in Zukunft zu verhindern, hat die Bundesregierung eine Mindesthaltefrist von zwei Jahren in Verbindung mit einer Kündigungsfrist von einem Jahr eingeführt. Der Vorteil von Immobilienfonds sind die durch die Mieteinnahmen, Wertsteigerungen und sonstigen Einnahmen erzielten hohen Gewinne und damit verbunden auch höhere Chancen auf Erträge und somit Ausschüttungen an den Anleger. Allerdings besteht auch ein hohes Risikopotential, dass sich durch schiefgehende bauliche Maßnahmen oder eine veränderte Gesetzeslage im In- und Ausland begründet. Zudem sollten Sie einen Anlagehorizont von mindestens fünf Jahren mitbringen.

Der Geldmarktfonds

Ein Geldmarktfonds spezialisiert sich normalerweise auf verzinsliche Anlagen mit kurzer Laufzeit. Dies kann für Sie nützlich sein, wenn Sie Ihr Geld für einen kurzen Zeitraum zwischenparken möchten und eine Laufzeit unter einem Jahr bevorzugen.

In Deutschland gibt es ca. 80 verschiedene Geldmarktfonds, deren Hauptgeschäft darin besteht, Banken größere Geldmengen gegen feste Zinsen für einen kurzen Zeitraum zur Verfügung zu stellen. Somit haben die Fonds ein sehr geringes Risiko, jedoch auch nur äußerst geringe Beträge. Durch den kurzfristigen Anlagehorizont kann es allerdings trotzdem eine Alternative für Sie darstellen.

Der Mischfonds

Der Mischfonds stellt eine Kombinationsform der anderen Fonds dar. In ihm wird in verschiedene Anlagearten, wie Immobilien, Rohstoffe, Aktien und verzinsliche Wertpapiere, investiert. Somit ergibt sich auch eine Vielzahl an möglichen Ertragsmöglichkeiten, zum Beispiel Zinsen, Mieteinnahmen oder auch Kursgewinne. Mischfonds stellen in Deutschland die drittgrößte Fondsposition dar. Zu beachten ist, dass auch hier der Manager des Fonds über die Gewichtung der Positionen und über die aktuelle Marktstrategie entscheidet. Sinnvoll ist es, einen Anlagehorizont von mindestens drei Jahren einzukalkulieren. Allgemein ist ein Mischfonds aufgrund der Diversifikation mit einem eher niedrigeren Risiko zu betrachten, jedoch können mittlere bis hohe Erträge erwirtschaftet werden.

Der Aktienfonds

Die Aktienfonds bilden in Deutschland und generell weltweit die größte Gruppe der Fonds ab. Der große Vorteil ist hierbei, dass Sie als Anleger eine Diversifikation durch den Fonds erhalten. Durch diese breite Streuung wird das Risiko gesenkt. Geht ein Unternehmen bankrott, dann fangen die anderen Unternehmen im Fonds den Verlust ab.

Sie als Aktionär haben ebenfalls mehrere Ertragsmöglichkeiten. Diese können beispielsweise Dividendenzahlungen oder Kurssteigerungen sein. Generell richten sich die Aktienfonds nach Ländern oder Regionen, aber auch nach bestimmten Indizes oder bestimmten Branchen. Bezüglich des Risikos sind Aktienfonds trotzdem als höher einzustufen, denn geht es der Wirtschaft schlecht oder eine Finanzkrise bzw. -Blase kommt, sind auch diese nicht davor geschützt.

Jedoch sinkt die Wahrscheinlichkeit mit jedem Anlagejahr, heißt es an der Börse. Wenn Sie als Anleger einen Anlagehorizont von mindestens fünf Jahren mitbringen, dann kann das Risiko im Verhältnis zu den hohe Ertragschancen passen. Aktienfonds bilden besonders für jüngere Investoren große Chancen, da diese einen langen Zeitraum für ihre Anlage mit sich bringen können.

VORTEILE UND NACHTEILE EINES FONDS

Generell sind Investmentfonds bei den Anlegern sehr beliebt. Trotzdem sollten Sie sich vor Beginn Ihrer Geldanlage jedoch ein eigenes Bild von den Vor- und Nachteilen machen und selbstständig abwägen, ob die Fonds für Sie in Frage kommen. Denn Sie als Sparer sollen lernen, mit der Ungewissheit und der daraus entstehenden Überforderung umzugehen, um eigene Entscheidungen bezüglich Ihrer Anlagen treffen zu können. Fakt ist jedoch, dass Investmentfonds bei dieser Bewältigung von großem Nutzen sein können und sich besonders für Einsteiger an der Börse als sinnvoll gestalten. Zu den Vorteilen eines Fonds gehört zunächst einmal, dass der Zeitaufwand für Anleger grundsätzlich deutlich geringer bzw. minimal ist. Im Vergleich müssen Sie hier vor allem auch zeitaufwändige Schritte, wie zum Beispiel die Analyse von Wertpapieren, nicht eigenständig tätigen, sodass dies für viele Einsteiger oder Privatpersonen neben dem eigentlichen Beruf von Bedeutung sein kann.

Sie als Investor profitieren zudem stark von den Kenntnissen und den Fachexpertisen der zuständigen Verwalter des Fondsvermögens sowie von jenen der Fondsmanager. Der wohl größte Vorteil von Fonds ist es für Privat- und Kleinanleger allerdings, dass es diesen somit möglich ist, mit einem kleineren Anlagekapital bzw. mit kleineren Beträgen sehr gut und breit investieren zu können.

Jedoch sind auch die Investmentfonds, genau wie jede andere Assetklasse, mit gewissen Nachteilen verbunden. Zunächst fällt ins Auge, dass Fonds von irgendwem zusammengesetzt und betreut werden müssen. Hierbei fallen für die Verwaltung des Vermögens eines Fonds Kosten an, welche letztlich den Anteilseignern als zusätzliche Kosten berechnet werden. Diese Kosten verschlechtern die übrige Rendite und verringern den Gewinn, sodass es sinnvoll ist, vor der Anlage die zur Verfügung stehenden Fonds zu vergleichen. Der Erfolg eines Fonds ist abhängig von seiner Performance und nicht jedem Fondsmanager gelingt es, die Renditen des Marktes zu schlagen. Des Weiteren sind Fonds gesetzlich dazu verpflichtet, dass das Kapital angelegt ist, auch wenn es möglicherweise sinnvoller wäre, die freien Mittel gebündelt zu investieren, wenn sich eine günstige Kaufchance ergibt. Zudem müssen Anlagen bei Fonds gewisse interne Genehmigungsverfahren durchlaufen und können somit nicht auf innovative Trends reagieren. Abschließend bleibt festzuhalten, dass sich Fonds für kurzfristig orientierte Anleger wohl eher nicht lohnen, da zum Beispiel beim Kauf eines Anteils ein sogenannter Ausgabeaufschlag anfällt.

EXCHANGE TRADET FUND (ETF)

ETF werden zumeist in Deutschland als Indexfonds beschrieben, sie unterscheiden sich vom klassischen Fonds. Ein Indexfonds ist ein Finanzinstrument mit einer passiven Anlagestrategie, während bei einem klassischen Fond der Fondsmanager aktiv aufgrund der vorliegenden Analysen und seiner Expertise Vermögenswerte kauft und verkauft.

Der ETF kann nicht wie ein aktiver Investmentfonds besser als „sein" Index liegen. Generell ist ein ETF vom Aufbau ähnlich wie ein Fonds, der ETF kann ebenfalls in Aktien-, Währungs- und Geldmarktfonds, aber auch in Immobilien- und Rohstofffonds investiert sein.

Oftmals bilden Aktien-ETFs die größten internationalen Aktienindizes ab, wie zum Beispiel in Deutschland der DAX, MDAX oder, bezogen auf Europa, der STOXX Europe 50.

Vorteile und Nachteile von ETFs

Der größte Vorteil von ETFs ist wohl, dass keine Kosten für die Vermittlung und Zusammenstellung gegenüber anderen Zwischenleuten entstehen. Lediglich die vom Online-Broker anfallenden Kosten für die Durchführung der Order fallen an. Jedoch sind ETFs im Vergleich zu anderen Möglichkeiten an der Börse sehr kostengünstig. Zudem sind sie grundlegend breit gestreut bzw. gut diversifiziert.

Beim ETF werden oft jeweils anfallende Transaktionskosten von der ETF-(Kurs-)Entwicklung direkt abgezogen, sodass sich die Nettorendite somit herausbildet. Generell können Sie die Gesamtkostenquote, die sogenannte TER, im jeweiligen Informationsblatt des ETFs erfahren, diese liegt im Normalfall allerdings deutlich unter denen anderer, als grober Richtwert fällt im Schnitt pro Jahr eine TER von ca. 0,2 – 0,3 % Prozent an. Da viele Anbieter verstanden haben, dass Sie auf Transparenz setzen müssen, um auch neue Einsteiger an der Börse mit ins Boot zu holen, veröffentlichen einige ETF-Anbieter sogenannte „Factsheets", also einfach Faktenblätter, auf denen Sie alle wichtigen Informationen ablesen können, also den Namen des Fonds, die Kennungsnummer (ISIN), die Verwaltungsgebühren und die jeweiligen Anteilsklassen des ETFs.

Abschließend ist festzuhalten, dass ETFs besonders für passive Anleger eine echte Alternative sein können. Für äußerst konservative Aktionäre eignen sich beispielsweise der MSCI World, welcher so gute Handelsmechanismen, Liquidität, Transparenz, aber vor allem auch Regulierungsmaßnahmen beinhaltet, dass Ihnen ein Markteinstieg oder -ausstieg fast jederzeit gewinnbringend möglich sein wird.

Besonders bei den thesaurierenden ETFs wird es Ihnen durch

regelmäßige und langfristige Käufe im Sparplan möglich sein, eine profitable, sichere und solide Anlage zu erschaffen. Hierbei profitieren Sie langfristig vom sogenannten Zinseszinseffekt.

Der Zinseszinseffekt

Der Zinseszinseffekt funktioniert gemäß der RWB Capital Fonds folgendermaßen: Dadurch, dass die angefallenen Zinsen oder sonstige Erträge nicht ausgeschüttet werden, sondern dem Anlagebetrag hinzugefügt wird, steigt die allgemeine Anlagesumme.10 Diese wird in den Folgejahren weiterhin mitverzinst, sodass dadurch in den darauffolgenden Jahren wiederum höhere Erträge erzielt werden können und das angelegte Kapital exponentiell nach oben wächst. Der Mensch hat bei der kognitiven Verarbeitung von exponentiellem Wachstum Probleme und unterschätzt die langfristigen Auswirkungen des Zinseszinseffekt massiv. Dies bestätigte die Umfrage von Kantar Emnid, in welcher sechs von zehn Befragten die Endrendite einer langfristigen Investition stark unterschätzten und als viel zu niedrig einstuften.

Bereits Albert Einstein hat den Zinseszinseffekt erkannt und betitelte diesen damals als ein achtes Weltwunder. Hinzu gesellte sich das Börsenurgestein Warren Buffet, welcher den Effekt als den wichtigsten Erfolgsfaktor beim Investieren betrachtet. Der Zinseszinseffekt ist jedoch nicht nur für die besonders reichen und klugen Menschen gedacht. Selbst mit kleineren Sparraten können Sie kleine Vermögen mit der Zeit erreichen. Anhand der nun folgenden Beispielrechnung werden Sie den Effekt deutlich erkennen können.

In den letzten Jahren haben die Anleger, wenn Sie breit gestreut am Kapitalmarkt agierten, eine jährliche Rendite von ca. 7 % Prozent

10 https://www.rwb-ag.de/news/der-zinseszinseffekt-das-unterschaetzte-8-weltwunder/

erreicht. Bei einem monatlichen Sparbetrag von 100 Euro hätten Sie unter Einbezug der Rendite nach einem Jahr 1.245,50 Euro erreicht. Kalkuliert man dies auf insgesamt zehn Jahre, so wäre ihr angespartes Kapital bereits bei 17.208,39 Euro, bei eingezahlten 12.000 Euro. Rechnet man nun auf eine Laufzeit von 20 Jahren hoch, so wären 24.000 Euro eingezahlt worden, wobei sich ein Sparkapital von 51.059,89 Euro ergeben würde. Bei wirklich jungen Anlegern lässt sich dieser Effekt immer weiter ausnutzen. Würde ein Anlagehorizont von 40 Jahren erreicht werden, so hätte man das Geld mit dem Zinseszinseffekt verfünffacht, bei eingezahlten 48.000 Euro läge das Vermögen aufgrund der jährlichen sieben Prozent dann bei 248.645,53 Euro.

Für Anleger ist es jedoch unumgänglich, sich bewusst zu machen, dass sich der Zinsenzinseffekt von Jahr zu Jahr stärker entfaltet. Das bedeutet für Sie, dass Sie möglichst frühzeitig mit dem Anlegen anfangen sollten, auch wenn Sie nur kleine Beträge anlegen, so kann aufgrund des Zinseszinseffektes eine beachtliche Summe entstehen. Ein Tipp wäre es, wenn Sie kleinere Sparraten haben, die Diversifikation nicht über einzelne Aktien zu erreichen, sondern möglicherweise auf ETFs auszuweichen, denn diese sind kostengünstig und bieten Ihnen eine breite Risikostreuung.

VERGLEICH ETFS UND FONDS

Grundsätzlich unterscheiden sich aktiv gemanagte Fonds und ETFs in den anfallenden Kosten. Während bei ETFs meist ca. 0,25 % Prozent Gebühren im Jahr anfallen, so sind diese bei den aktiv gemanagten Fonds deutlich höher (ca. 2-3 % Prozent jährlich). Dies begründet sich allerdings auch dadurch, dass diese höheren Transaktionskosten zu bezahlen sind. Hinzu kommen nun noch die fälligen Vertriebs- und Managementgebühren, welche die höheren Kosten verursachen.

Allerdings überstehen die aktiven Fonds besonders in turbulenten Marktphasen, wie zum Beispiel während der Corona-Krise, besser als ETFs, da kommen die Fachexpertisen und guten Analysen der Fondsmanager zum Tragen. Letztlich sind diese auch dafür verantwortlich, die durch die Indizes entstehenden Benchmarks zu schlagen, also rentabler als diese am Markt zu agieren. Denn nur so können die Fondmanager die höheren Kosten begründen.

Diese entfallen bei den ETFs, da diese keine gesonderten Analysen von Regionen bzw. Ländern und sonstigen Unternehmen benötigen. Zudem kommt eben gerade in Zeiten von Niedrigzinsen der Vorteil der geringen Kosten zur Geltung, was ein signifikanter Unterschied bzw. Vorteil zu den aktiv gemanagten Fonds sein kann. Unabhängig von Ihrer Entscheidung ist es wichtig, immer den jeweiligen Verkaufsprospekt eines Fonds oder ETFs zu lesen und zu verstehen, denn Sie sollten wissen, wo Ihr Geld investiert wird.

ROHSTOFFE

Sie unterscheiden sich eindeutig von den anderen Investitionsmöglichkeiten, da Sie physisch greifbar sind. Einige Menschen sind davon überzeugt, dass Sie durch die Möglichkeit, die Rohstoffe anzufassen, einen besseren Bezug zu ihnen herstellen und sie besser verstehen. Im Englischen heißen Rohstoffe „commodities“, diese bezeichnen letztlich die in der Welt natürlich vorkommenden Rohstoffe in unverarbeiteter Form. Die gängigsten Rohstoffe in der Gesellschaft sind Gold und Silber sowie sonstige Edelmetalle.

Übersicht

Grundsätzlich lassen sich die Rohstoffe in drei Gruppen unterteilen. Zu der ersten gehören die Metalle, welche sich in Edel- und

Industriemetalle untergliedern lassen. Die gängigsten Edelmetalle sind Gold und Silber. Bezüglich der Industriemetalle haben Sie mit Sicherheit bereits von Aluminium, Blei und Kupfer gehört.

Die zweite Gruppe sind die Rohstoffe des Energiesektors, diese umfassen neben Benzin und Diesel auch Erdgas, Heizöl und Ethanol etc.

Die letzte übersichtsartige Unterteilungsgruppe sind die sogenannten Agrarrohstoffe. Diese sind sehr vielschichtig und umfassen beispielsweise Holz, Kaffee, Tiere, Weizen und Zucker.

Der Handel

Beim Handel mit Rohstoffen gibt es einige Besonderheiten. Zunächst sollten Sie wissen, dass diese physisch austauschbar sind und Sie Rohstoffe gegen einen Gegenwert austauschen können. Es gibt jedoch auch die Option, dass Sie dies mit Hilfe von Finanzierungsinstrumenten bewerkstelligen. Dies ist zum Beispiel in Form von Derivaten und Futures möglich, dazu später Genaueres. Es gibt Rohstoffe auch in vergleichbarer Form als ETFs, diese heißen dann „Exchange Traded Commodities" - kurz ETCs, sie werden an der Börse unter den Zertifikaten gehandelt.

Ohne tiefer in das Thema der Anlagestrategien einzusteigen, ist es wichtig, zu betonen, dass sich beim Handel von Rohstoffen die „Buy and Hold"-Strategie nicht umsetzen lässt. Denn die Rohstoffe zu kaufen und zu halten, um auf eine Wertsteigerung zu setzen, wird langfristig keine Erfolge aufweisen. Dies begründet sich durch die starken Preisschwankungen, also die hohe Volatilität der Rohstoffe. Häufig verlieren Anleger aufgrund der emotionalen Belastung durch die Schwankungen einen klaren Kopf und machen somit langfristig Verluste.

Generell unterliegen die Rohstoffe so starken Preisschwankungen, da sie massiv abhängig von den Geschehnissen auf der Welt sind und stark auf politische Entscheidungen und sonstigen Maßnahmen reagieren. Ein noch präsentes Beispiel ist der Handelskonflikt zwischen China und den USA. Dieser veränderten den Preis für Soja stark und ließ ihn in kürzester Zeit rapide fallen. Dies führte dazu, dass Aktionäre, welche in Rohstoffe investieren, stetig aktiv mit ihren Investments handeln müssen. Somit ergibt sich, dass das Handeln für Einsteiger und Laien nicht geeignet ist und es ein hohes Arbeits- und Zeitpensum mit sich bringt. Generell ist zu Direktinvestitionen zum Beispiel in Gold erst ab höheren Geldsummen zu raten, denn diese bringen immer Halte- und Anschaffungskosten mit sich.

Gold

Rohstoffe gibt es viele verschiedene im Handel. Im nun Folgenden soll einer der wohl wichtigsten Rohstoffe bzw. das aktuell wichtigste Edelmetall der Welt genauer unter die Lupe genommen werden. Es geht um Gold. Gold gilt als äußerst krisensicher und das ist kein Geheimnis. Einige Länder und Noten bzw. Zentralbanken haben extrem hohe Goldmengen zur finanziellen Absicherung in ihrem Bestand.

Die Rede ist hierbei von ungefähr 34.000 Tausend Tonnen. Gold ist krisensicher und generell tendenziell eher unabhängig von politischen Risiken zu betrachten, weshalb einige Investoren einen Teil ihres Portfolios in Gold anlegen. Ein großer Faktor bezüglich des Goldpreises sind fallende Kurse bzw. Zinsen. Denn gerade in schwachen Marktphasen legen viele Menschen ihr Geld in Gold an und entfernen es von Sparbüchern und Tagesgeldkonten. Dies treibt den Preis einer Feinunze in die Höhe, so war diese 2020 zwischenzeitlich bereits auf 1600 Dollar. Doch nicht nur in der heutigen Zeit hat Gold einen besonderen Stellenwert. Denn die Geschichte des Edelmetalls geht bereits mehrere tausend Jahre zurück. Bereits im antiken Rom und alten Ägypten wurde Gold als Zahlungsmittel akzeptiert bzw. zum Handel verwendet.

In der damaligen Zeit wurden Goldmünzen in den jeweiligen

Gesellschaften hergestellt. Doch Gold sieht nicht nur schön bzw. wertvoll aus, es hat einige weitere nutzvolle Eigenschaften. Zum Beispiel kann Gold intensiv bearbeitet werden, ohne zu korrodieren (ohne den besonderen Glanz einzubüßen). Des Weiteren ist es aufgrund der hohen Dichte und äußerst großen Widerstandsfähigkeit für die Industrie von großem Nutzen. Deshalb wird Gold nicht nur für die Herstellung von Schmuck verwendet, sondern wird auch im industriellen Gebrauch oft einbezogen. Gold kann hoher Luftfeuchtigkeit und Druck ausgesetzt sein sowie von Lösungsmitteln bearbeitet werden, ohne sich zu verändern.

Doch die Folgen des Bekanntwerdens, dass Gold sehr wertvoll ist, waren bereits früher und bis heute anhaltende Diebstähle und Überfälle, um an das Edelmetall zu gelangen. Dies machte sich stark in der Zeit der Entdecker bemerkbar, wodurch häufig indigene Völker in Südamerika von Raubzügen betroffen waren. Denn dort gab es einige Goldschmieden, was zum Beispiel von den Entdeckern Gama und Vespucci erkannt und ausgenutzt wurde. Dies veränderte sich in ungefähr der Mitte des 19. Jahrhunderts. Damals steigerte sich die Gesamtbevölkerung im US-Bundesstaat Kalifornien massiv. Diese sogenannte Westexpansion begründete sich auf den großen Goldfunden in den Staaten und führte dazu, dass sich einige Gold sicherten und auf den Weg zum schnellen Reichtum machten. Letztlich blieben einige bis heute erfolgslos, jedoch profitierten einige findige Geschäftsleute von dem Boom.

Ein bis heute bekanntes Beispiel hierfür ist der Jeanshersteller Levi Strauss. Dieser profitierte massiv von den Goldgräbern, stattete diese mit den eigenen Jeanshosen aus und machte ein super Geschäft mit den Träumern. Doch nicht nur der Jeanshersteller machte große Gewinne von der Bewegung, auch einige andere Ausrüstungshersteller konnten ihren persönlichen Nutzen daraus ziehen. Dies ging bis hin zur institutionellen Ebene, wo beispielsweise die Eisenbahnen stark profitierten. Diese fuhren die Menschenmassen von der Ostküste des Landes bis ins

Landesinnere nach Kalifornien. Der Wandel schritt im Laufe der Industrialisierung im 20. Jahrhundert fort. Auffällig war nach den Kriegen, dass einige Staaten einen sogenannten Goldstandard entwickeln wollten.

Der Goldstandard

Es ging darum, eine Währung in Münzen und Banknoten zu etablieren, welche eine klare und feste Relation zwischen den umlaufenden Banknoten und Gold hatte. Dies versuchten einige Finanzpolitiker und Alliierte durch das Bretton Woods Systems einzuführen.

Bretton Woods System

Gemäß dem Gabler Wirtschaftslexikon ging das Vorhaben bis in die 1970er Jahre.[11] Der Name resultierte aus dem im US-Bundesstaat New Hampshire unterzeichneten internationalen Abkommen. Dieses strebte eine umfassende Neuordnung der Weltwirtschaft an. Denn die Periode zwischen dem Ersten und Zweiten Weltkrieg, dem Protektionismus, war geprägt von Abwertungswettläufen, welche dringend stabilisiert werden mussten. Das große Ziel war es, reibungslose und von Handelsbarrieren befreite Abwicklungen des Welthandels zu erreichen. Deshalb wurden zum Beispiel Wechselkurse benötigt, welche nach dem Gold-Devisen-Standard mit der Leitwährung des Dollars konzipiert waren.

Die wichtigsten Kernbestandteile des vereinbarten Währungssystems waren die Festlegung einer Parität von 35 US-Dollar für eine Unze Gold, die Verpflichtung der USA zum An- und Verkauf von Dollar für diesen Preis, die Festlegung der Wechselkurse der übrigen Währungen gegenüber dem US-Dollar, die Errichtung des Internationalen Wahrungsfonds zur internationalen Kreditgewährung bei vorübergehenden Zahlungsbilanzen und die Möglichkeit der Veränderung der Paritäten, wenn

---

11 https://wirtschaftslexikon.gabler.de/definition/bretton-woods-system-29585

fundamentale Zahlungsbilanzprobleme einzelner Länder entstehen, sowie die Verpflichtung der Notenbanken, Wechselkurse innerhalb einer Bandbreite von einem Prozent zur Stabilisierung festzulegen.

Das Abkommen brach letztlich jedoch in den 1970er Jahren zusammen, aufgrund von Konstruktionsfehlern. Zum einen bestand das Redundanzproblems und das Problem des n-ten Landes. Dies meint, dass es bei n Währungen nur n-1 voneinander unabhängige Wechselkurse und auch nur n-1 voneinander unabhängige Wechselkurse und Zahlungsbilanzen gibt. Dadurch entstanden destabilisierende Spekulationen, welche nach einigen Versuchen, das System mit Veränderungen des Reglements zu retten, jedoch letztlich scheiterten.

Abschließend ist zum Gold zu sagen, dass der physische Erwerb sehr teuer und auch die Lagerung nicht günstig ist. Zudem drückt die Kaufversicherung auf die eigene Geldbörse. Gold wird ebenfalls keine Zinsen oder Dividenden erwirtschaften und starken Schwankungen des Kurses unterliegen. Jedoch ist ein kleiner Bestand in Gold investiert, im Sinne der eigenen Diversifikation, für Fortgeschritten zu empfehlen. Hierfür eigenen sich Gold-ETFs für auf Langzeit angelegte Investments.

Sparpläne – passives Anlegen

Laut den Informationen des Brokers von Comdirect, können sie „mit einem Wertpapiersparplan investieren und somit ganz automatisch einen festgelegten Betrag von mindestens 25 € Euro in bestimmte Wertpapiere anlegen". Die Höhe und das Intervall (monatlich, zweimonatlich oder vierteljährlich) können Sie dabei selbst bestimmen und jederzeit ändern. Um einen Sparplan erstellen zu können, sollten Sie zunächst Ihre Höhe der Analagesumme und die Sparrate bestimmen. Im Anschluss daran wählen Sie die gewünschten Wertpapiere aus und verteilen dort Ihre zur Verfügung stehende Summe.

Nun müssen Sie noch festlegen, in welchem Intervall bzw. Abstand Sie den Sparplan durchführen wollen und geben diesen per TAN-Verfahren frei. Dafür benötigen Sie ein Depot, um den Wertpapiersparplan durchführen zu können. Grundsätzlich sollten Sie beachten, dass Sie auch in einem Sparplan für eine Diversifikation sorgen können. Dies kann Ihnen gelingen, indem Sie auf verschiedene Arten in Wertpapiere anlegen und somit das Risiko minimieren.

Der wohl größte Vorteil eines Wertpapiersparplans ist, dass der Zeitpunkt, zu welchem Sie diesen beginnen, keine Rolle spielt und dadurch ist ein Timing im Markt, wie bei einmaligen Anlagen, nicht von Nöten und der Ihnen bekannte Cost-Average-Effekt wird sich einstellen. Durch den Sparplan wird es Ihnen möglich sein, dass Sie kleinste Beträge bzw. Bruchstücke von Wertpapieren erwerben, und durch die festgelegten regelmäßigen Einkäufe können Sie Kursschwankungen ausgleichen. Somit ist ein Sparplan vor allem ausdrücklich in turbulenten Marktphasen sinnvoll. Ein zusätzlicher Hinweis ist hier anzufügen, denn es ist Ihren Arbeitgebern grundsätzlich möglich, dass Sie Ihren Mitarbeitern staatlich geförderte Geldleistungen gewähren, diese sind im Allgemeinen als vermögenswirksame Leistungen bekannt. Zudem ist es Ihnen möglich, dass Sie Ihren Sparplan aussetzen können, allerdings empfiehlt sich genau dies im Grunde nicht. Denn wenn Sie grundsätzlich von einem Wertpapier überzeugt sind, dann macht es für Sie gerade in schwachen Markphasen Sinn, zu günstigen Kursen einzukaufen, denn so erhalten Sie mehr Anteile für Ihr Geld. Das Depot benötigen Sie für Ihren Sparplan, da dieses im Vergleich zum Girokonto nicht nur zum Zahlungsverkehr zugelassen ist, sondern rechtlich auch für den Handel und die Verwaltung von Wertpapieren. Trotzdem benötigt ein Depot ein sogenanntes Verrechnungskonto, auf welchem die Erlöse bei Verkäufen von Wertpapieren oder auch Zinsen und Dividenden eingezahlt werden können.

Zudem sind Sparpläne bei vielen Anbietern äußerst kostengünstig und somit für private Anleger und diejenigen, welche geringere Summen anlegen, sehr sinnvoll und empfehlenswert, um sich ein eigenes Vermögen aufzubauen.

ZERTIFIKATE

Diese werden in diesem Rahmen nur sehr verkürzt dargestellt, denn Sie sind im Allgemeinen nichts für Einsteiger an der Börse, sondern für erfahrene Trader. Zertifikate sind Zertifikate Wertpapiere, deren Preisentwicklung auf einem Basiswert zugrunde liegt. Diese können sich grundsätzlich auf alle möglichen Anlagen beziehen. Die Produkte sind so konzipiert, dass die Anleger von bestimmten Entwicklungen am Markt zu profitieren. Dann wird ein Zertifikat aufgebaut, diese können so aufgebaut sein, dass die Anleger von Gewinnen und aber auch von Verlusten, beim „shorten", von Basiskursen profitieren können.

Sparen

Das Thema Sparen findet in der gesellschaftlichen Mitte immer mehr Zuspruch und Interesse. Dieser Trend machte sich zu Beginn der Corona-Pandemie an den Börsenmärkten deutlich erkennbar. Generell steigt der Trend besonders bei den jüngeren Generationen, die eigene Altersvorsorge zu managen und sich darüber hinaus den Umgang mit dem eigenen Geld bewusst zu machen und langfristig zu strukturieren. Fakt ist, der Trend führt weg vom Sparbuch, denn dieses wirft kaum mehr Zinsen oder sonstige Renditen ab. Zudem haben Sie ja bereits einiges zum Thema der Inflation kennengelernt, weshalb Sie bereits ein Bewusstsein darüber haben, dass das Geld auf dem Sparbuch in Zeiten der Negativzinspolitik an Wert verliert.

Die Inflationshöhe wird durch die Notenbanken institutionell kontrolliert und reguliert. Diese ziehen als Berechnungsbasis für die prozentualen Berechnungen der jährlichen Inflation den Verbraucherpreisindex von verschiedenen Gütern und Dienstleistungen zur Hilfe. Diese setzen sich in Deutschland aus über 600 Dienstleistungsprodukten und Gütern zusammen.

Somit werden das Konsumverhalten und die aktuellen Lebensgewohnheiten der deutschen Bevölkerung sichtbar gemacht. Dies bezieht sich zum Beispiel auf den Hotel. und Restaurant-Bereich, auf Freizeitaktivitäten, Unterhaltung und Kultur, auf Einrichtungsgegenstände, Gesundheit und Pflege, auf Tabakwaren und alkoholische Getränke, auf Nahrungsmittel und alkoholfreie Getränke sowie auf Wohnungen, Gas, Wasser und sonstige Brennstoffe. Die Inflation hat als Gegenstück die Deflation.

DEFLATION

Die Bundeszentrale für politische Bildung definiert die Deflation als Prozess stetiger Preissenkungen in der Volkswirtschaft, das heißt, dass Waren und Dienstleistungen fortgehend billiger werden. Somit liegt eine Deflation dann vor, wenn der gesamtwirtschaftlichen Gütermenge eine zu geringe Geldmenge gegenübersteht, die Gesamtnachfrage also geringer ist als das volkswirtschaftliche Gesamtangebot. Eine Deflation entsteht zum Beispiel als Folge einer übermäßigen Verringerung der Geldmenge durch einschränkende, geldpolitische Maßnahmen der Zentralbank, beispielsweise durch zu hohe Einfuhrüberschüsse, welche mit dem Abfluss von Geldmitteln in das Ausland verbunden sind, oder durch die schlichte Überproduktion von Gütern.

Das Resultat einer Deflation findet sich in Form von ständigen Preissenkungen wieder, was zu geringeren Gewinnen bei den Unternehmen führt. Dadurch lässt die allgemeine Investitionsbereitschaft nach und die Produktionen der Güter werden gesenkt, zum Beispiel werden ganze Betriebsstandorte geschlossen, auch die durch die Krise sehr breit stattfindende Kurzarbeit ist eine Betriebseinschränkung, welche aus einer Deflation entstehen kann. Dies ist auch ein großes Risiko, welches aus der Corona-Krise resultieren kann. Denn durch die steigende Arbeitslosigkeit bzw. die allgemeinen Einkommensverluste sinkt die gesamte Nachfrage an Konsumgütern und der Staat erhält deutlich geringe Einnahmen durch Steuerzahlungen. Generell tritt eine Deflation oft ein, wenn die gesamte Wirtschaftsleistung eines Landes sinkt, und sie geht daher einher mit einer wirtschaftlichen Depression. Eine Gegenmaßnahme hierzu ist Ihnen bereits bekannt, die Nullzinspolitik, welche gegen deflationäre Tendenzen arbeitet und somit auf übergeordneter Ebene reguliert.

Zu Beginn Ihrer Sparkarriere ist es nötig, dass Sie sich über Ihren eigenen Umgang mit Geld bewusst sind. Deswegen müssen Sie sich darüber im Klaren sein, dass Sie sich einen Überblick über Ihre eigenen Ausgaben und Einnahmen verschaffen müssen. Sie müssen herausfinden, wie Sie Ihr Konsumverhalten kontrollieren können. Bei vielen gibt es unnötige Geldfresser, welche zu viele feste Kosten verursachen.

APP-ABONNEMENTS

Ein typisches Beispiel in der heutigen Zeit sind die App-Abonnements. Heutzutage steigen immer mehr vielgenutzte Apps auf das sogenannte Abo-Modell um. Dieses ist schnell abgeschlossen und als Geschäftsmodell längst akzeptiert. Während früher App-Spiele beispielsweise einen einmalig festen Preis kosteten, ist es nun normal, einen monatlichen Betrag zu zahlen. Die App-Entwickler bieten meist den Service an, dass die Apps stetig weiterentwickelt werden. Für die Produzenten entsteht somit ein stetiger Geldfluss im Kontrast zu den Einmalkäufen.

Durch die Abonnements werden die Einnahmen planbarer und die Produzenten können sich auf die Weiterentwicklung der App etc. konzentrieren. Oftmals werden Neukunden Probemonate angeboten, sodass viele in dieser sogenannten Trial-Phase einen zeitlich beschränkten Zugang zu den Apps mit allen bestehenden Funktionen erhalten. Dies ist für die Nutzer sehr praktisch, da man sich mit der App und den Funktionen auseinandersetzen kann und somit herausfindet, ob sich ein Abo lohnt. Das Abo-System bietet des Weiteren für sehr entschlossene Kunden oftmals auch Vergünstigungen an, welche den monatlichen Durchschnittspreis klar unterbieten.

Der Nachteil für Sie in Bezug auf das Sparen ist der Aufsummierungseffekt. Es summiert sich oftmals doch sehr und fällt dem Geldbeutel zur Last, hier ein Netflixabo für 12 € im Monat, dort den bezahlten Fußball ansehen und ein Sky-Abo für 25 € im Monat, hier die Jahresmitgliedschaft für Fitness für 100 € und dort die Ernährungs-App für 5 € im

Monat. Letztlich sollten Sie sich auflisten, welche App-Abonnements Sie haben, um den Überblick zu bewahren. Hinterfragen Sie sich, ob die jeweilige App von Ihnen auch wirklich verwendet wird und für Sie von großem Nutzen ist. Hier ein kleiner Tipp: Informieren Sie sich, ob man das Abonnement auch mit anderen teilen kann, so sparen Sie einfach Kosten und profitieren von anderen und diese von Ihnen.

WOHNUNG BZW. HAUS

Wohnen ist so teuer wie nie zuvor. Stetig steigen die Mietpreise, besonders in Ballungszentren ist die Nachfrage nach Wohnungen und Häusern extrem. Dies drückt die Preise massiv nach oben. Sie sollten zumindest einmal Ihren Mietvertrag gründlich unter die Lupe nehmen. Denn es kann sein, dass beispielsweise die angegebene Quadratmeterzahl falsch angegeben ist und Sie so deshalb zu viel zahlen. Eventuell besteht die Möglichkeit, dass in Ihrem Mietvertrag 70 m^2 angegeben sind, jedoch die Wohnfläche in Wahrheit bei 65 Quadratmetern liegt. Dies dürfen und sollen Sie beanstanden und deshalb eine Reduzierung Ihrer Miete verlangen.

Des Weiteren sind oft die Nebenkostenabrechnungen falsch. Deshalb sollten Sie auch diese auf den Prüfstand stellen, denn gemäß dem deutschen Mieterbund sind knapp 50 Prozent der Betriebskostenabrechnungen fehlerhaft. Ansonsten gibt es weitere Angelegenheiten, welche Sie in Bezug auf Ihre Wohnung bzw. Ihr Wohnhaus hinterfragen können, beispielsweise bezüglich des Wasserverbrauches. Wenn Sie oft außer Haus sind oder auch einfach generell oft im Sportverein duschen und nur selten Ihre Waschmaschine in Verwendung haben, sollten Sie bei einer Wasser-Nachzahlung durchaus stutzig werden und diese prüfen. Denn eventuell wird Ihnen zu viel Abwasser berechnet.

Des Weiteren werden in Wohnhäusern die Umlagen der

leerstehenden Wohnungen mit dem jeweiligen Anteil auf die restlichen Mieter verteilt, dies sollten Sie in Erfahrung bringen bei Auffälligkeiten. Anzumerken ist auch, dass bei größeren Wohngebäuden oft massiv zu viele Mülltonnen in Verwendung sind, jene, die zu viel sind, können weg und so können Kosten gespart werden. Letztlich können Sie sich Ihren eigenen Mietvertrag nochmals zur Hand nehmen und die Kosten aus der Rubrik „Sonstiges" anfechten, denn diese ist in einem deutschen Mietvertrag als ungültig einzustufen.

VERSICHERUNGEN

Was das Thema der Versicherungen angeht, ist es etwas schwieriger, zu sagen, für wen welche Versicherung sinnvoll ist. Denn dies hängt von den unterschiedlichsten individuellen Bedürfnissen und Ansprüchen von Ihnen ab. Grundsätzlich gibt es jedoch trotzdem ein paar Versicherungen, welche durchaus empfehlenswert sind. Diese sind besonders für Alleinlebende und Berufseinsteiger sinnvoll, da für sie das Risiko gesenkt werden sollte bzw. im Fall des Falles vorgesorgt sein sollte.

Eine wirklich unumgängliche Versicherung, welche Sie auf jeden Fall haben müssen, ist die Krankenversicherung. Hierzu gibt es in Deutschland die sogenannte Beitragsbemessungsgrenze. Diese gilt grundsätzlich für alle Angestellten bis hin zu einem Bruttomonatseinkommen von aktuell 4687,50 €. Hierdurch sind diese durch die gesetzliche Krankenkasse versichert. Wer nicht über diese absolute Pflichtversicherung verfügt, der hat nur einen Anspruch darauf, zum Arzt oder ins Krankenhaus zu gehen, wenn er sich in einer akut lebensbedrohlichen Situation oder in einer Schwangerschaft befindet.

Während sich der monatliche Beitrag bei der gesetzlichen Krankenversicherung nach dem jeweiligen Einkommen richtet und diese verpflichtet ist, Sie aufzunehmen, so ist es bei einer privaten

Krankenversicherung möglich, dass dies Ihnen von der jeweiligen Kasse abgelehnt wird. Dies hängt beispielsweise davon ab, in welchem allgemeinen Gesundheitszustand Sie sich gerade befinden bzw. welchem Gesundheitsrisiko Sie im Alltag ausgesetzt sind.

Des Weiteren müssen nicht Versicherte die Behandlungskosten sowie die nicht bezahlten Krankenkassenkosten selbst zahlen.

Die zweite Versicherung, welche Sie sich dringend zulegen sollten, ist eine private Haftpflichtversicherung. Diese Versicherung deckt allgemeine Personen- und Sachschäden, welche durch das eigene Handeln entstanden sind, ab. Diese ist für Sie unumgänglich, denn gerade im Falle eines Personenschadens, welcher durch Sie entstanden ist, sind des Öfteren Langzeitschäden langfristig zu behandeln und daher mit hohen Kosten verbunden. Und vor allem sind solche Schäden schnell geschehen, zum Beispiel beim privaten Kicken mit dem Kumpel, bei dem Sie diesen ungünstig treffen und plötzlich Verletzungen entstehen, welche behandelt werden müssen. Dabei sollte klar sein, wer für die Kosten verantwortlich ist.

Gerade in der heutigen Zeit ist die Wohnungseinrichtung nicht gerade günstig, denn der Fernseher, das neue Sofa oder auch Spielekonsolen und Arbeitslaptop, das läppert sich zusammen. Deshalb kann es für den einen oder anderen von Bedeutung sein, sich seinen eigenen Hausrat zu versichern. Allerdings sollte man sich dies möglicherweise einfach einmal von einem Experten bei einer Verbraucherzentrale in der eigenen Umgebung berechnen lassen oder sich im Internet informieren, denn das kostet erst einmal noch nichts und danach werden Sie schlauer als zuvor sein.

Eine letzte erwähnenswerte Versicherung ist die Berufsunfähigkeitsversicherung. Diese ist in der Gesellschaft allgemein weit verbreitet und das mit gutem Grund. Denn für die meisten Menschen ist der ausgeübte Beruf die mit Abstand größte Einkommensquelle. Und wenn diese einmal wegfällt, so sieht es bei der großen Mehrheit finanziell wohl sehr schlecht aus. Generell sind von der schnelllebigen Gesellschaft immer öfter Menschen von Krankheiten betroffen, durch welche sie ihren Job nicht ausüben können für einen längeren Zeitraum. Die Rede ist hier zum Beispiel von Burnout. Das Abschließen dieser Versicherung kann im Laufe Ihres Lebens noch von großer Bedeutung werden. Anzufügen ist, dass sich hier der jeweilige Preis nach Ihrem Einkommen und zum Bespiel Ihrem Lebensalter berechnet und oft in gestaffelter Form zur Verfügung steht.

Abschließend ist festzuhalten, dass das Thema der Versicherungen auch immer etwas schwieriger zu behandeln ist. Denn für jede Person gibt es unterschiedliche Entscheidungen diesbezüglich, sodass man nicht pauschal sagen kann, für wen welche Versicherung geeignet bzw. von großer Bedeutung ist. Allerdings sind die vier, welche Ihnen nun vorgestellt wurden, in der Fachszene bereits als wichtig bewertet und für Sie deshalb möglicherweise sehr empfehlenswert. Möglich ist es für Sie in jedem Fall, dass Sie sich kostenlos informieren. Dies können Sie mittlerweile bequem vom Sofa aus oder, wie es empfehlenswerter ist, persönlich bei Experten in Ihrer Nähe tun. Wenn dabei Gebühren anfallen, sollte Ihnen klar sein, dass Ihnen das Bezahlen dieser Gebühren möglicherweise später einmal einiges an viel teureren Rechnungen erspart.

SMARTPHONES

Ein weiterer Geldfresser in der heutigen Zeit ist das Smartphone. So gut wie jeder besitzt heutzutage eines und es ist in der Gesellschaft nicht mehr wegzudenken. Sie dienen dem einfachen Erhalt von Informationen und bieten uns die Möglichkeit, dass wir uns mit unseren Mitmenschen stetig und ortsunabhängig austauschen können. Bereits die Anschaffung eines Smartphones geht heutzutage rasch in den höheren dreistelligen Bereich bis hin zu den mittleren vierstelligen Summen.

Das Smartphone ist längst nicht mehr nur ein Gerät, welches die Kommunikation mit unseren Mitmenschen ermöglicht. Vielmehr ist es ein Unterhaltungsgerät, welches über guten Sound und eine Vielzahl an Apps verfügt. Deshalb ist es möglicherweise auch für Sie eine Möglichkeit, bereits beim Einkauf des Handys bares Geld zu sparen. Dies kann zum Bespiel gelingen, indem man auf gebrauchte Geräte zurückgreift oder B-Ware kauft. Der „B-Ware" eilt hierbei allerdings ein schlechterer Ruf hinterher, welcher nicht verdient ist. Denn darunter fallen auch Geräte, welche zu Beginn einen Fehler hatten, die im Anschluss behoben wurden. Dies führt dazu, dass der Kaufpreis eines Gerätes deutlich an Wert verliert, obwohl dieses nun einwandfrei und meist mit Garantie funktioniert.

Zu dem Kauf eines Handys gesellt sich nun meistens ein teurer monatlich zu bezahlender Betrag, der Handytarif. Diese gibt es wie Sand am Meer, das Schwierige ist hierbei, herauszufinden, welcher der richtige für einen ist. Beim Vertrag eines Handys gibt es verschiedene Entscheidungsfaktoren, beispielsweise von dem zur Verfügung stehenden Datenvolumen über unbegrenzte SMS und sonstige Flatrates innerhalb von Deutschland oder Europa bis hin zu einem Vertag mit oder ohne Smartphone gibt es alles. Bei dieser mehr als üppigen Auswahl kann man schon einmal schnell den Überblick verlieren und das auf Kosten des eigenen Geldes.

Doch hierfür gibt es ein paar einfache, jedoch äußerst hilfreiche Möglichkeiten, eine möglichst für Sie passende Entscheidung zu treffen. Zunächst macht es Sinn, sich mit dem eigenen Nutzungsverhalten auseinanderzusetzen und somit herauszufinden, was Sie in Wahrheit verbrauchen. Zudem wird die Wahl bereits dadurch eingeschränkt, dass Sie in Erfahrung bringen sollten, wo welches Netz verfügbar ist. Dies können Sie bei den einzelnen Anbietern problemlos online in Erfahrung bringen. Des Weiteren eignet es sich, die im Internet kostenlos zur Verfügung stehenden Vergleichsportale anzusehen. Beim Smartphone lassen sich nämlich so gut wie immer Kosten einsparen und das sollten auch Sie tun, denn somit haben Sie eine höhere Anlagesumme an der Börse.

Abschließend sollten Sie das Gelesene sich nochmals gut durch den Kopf gehen lassen und sich mit anderem darüber austauschen. Sie sollten hier angeregt werden, Ihr Konsumverhalten neu zu hinterfragen und zu definieren. Allgemein ist es so, dass nicht zwingend diejenigen am ehesten reich werden bzw. sich ein größeres Vermögen aufbauen, welche am meisten verdienen, sondern vielmehr die, die am wenigsten von ihrem verdienten Geld ausgeben. Fangen Sie an, Ihre Ausgaben zu prüfen, dies muss natürlich nicht nur in den eben beschriebenen Bereichen geschehen. Denn jeder hat eigene, individuelle Bereiche, in denen er viel Geld ausgibt bzw. in welchen sich große Sparpotentiale befinden, und diese sollten ausgenutzt werden.

Des Weiteren ist es nur zu empfehlen, dass Sie sich stets Ihre Ausgaben notieren, um einen Überblick darüber zu behalten. Dadurch wird es Ihnen möglich sein, die unnötigen Geldfresser in Ihrem Leben ausfindig zu machen und letztlich zu eliminieren. Hierzu gibt es verschiedene Tools und Apps, welche Ihnen das Tracken leichter machen werden und zudem meistens kostenlos sind. Aber auch die klassische Form eines Haushaltsbuches ist immer noch zu empfehlen und für den einen oder anderen womöglich die bessere Lösung.

Verschiedene Indizes

Jede Sekunde ändern sich die Kurse von Aktien, Fonds, ETFs, Rohstoffen sowie von Immobilien und Co. Somit gibt es zu jeder Zeit Verlierer und Gewinner an den spekulativen Kapitalmärkten und gleichzeitig kann dies niemand mit einhundertprozentiger Sicherheit vorhersagen. Um in diesem Chaos noch irgendwie den Überblick behalten zu können, wurden sogenannte Indizes gebildet.

INDIZES

Ein Index ist gemäß dem Online-Portal finanztreff.de eine Kennziffer zur Darstellung von Veränderungen bestimmter Größen zwischen verschiedenen Zeitpunkten.[12] Hierbei geben die sogenannten Börsenindizes die Veränderung der Entwicklung einer bestimmten Zahl an ausgewählten Aktien über einen bestimmten Zeitraum an. Aktien und Rentenindizes werden hierbei eingesetzt, um einen Indikator über die Entwicklungen eines Teil- oder auch Gesamtmarktes, einer Region oder einer Branche zu schaffen.

Das Ziel dieser Indizes, also dieser Zusammensetzungen ist es, dass der Markt so abgebildet wird, dass die jeweilige Entwicklung repräsentativ und aussagekräftig widergespiegelt wird. In Indizes werden also mehrere Unternehmen zusammengefasst und anhand der jeweiligen Kurse wird eine Indexpunktzahl herausgegeben. In sogenannten Leitindizes werden meistens die größten bzw. gewichtigsten Firmen eines Marktes gebündelt. Einige Länder haben so einen „Blue-Chips-Index“, so ist dies in Deutschland der DAX, der S&P 500 in den USA oder der Dow Jones, in Westeuropa der Euro STOXX, in China Hang Seng Composite

[12] https://www.finanztreff.de/wissen/indizes/was-sind-indizes/6751

und in Japan der Nikkei-Index, doch dazu erfahren Sie im weiteren Verlauf Genaueres. Sie sind als Aktionär an der Börse ein wichtiger Teil, welcher wie das Auf und Ab der jeweiligen Kurse an der Börse verantwortlich ist. Die Kurse der Indizes und einzelnen Unternehmen werden besonders großer Volatilität ausgesetzt zu den jeweiligen Quartalszahlen, welche diese veröffentlichen müssen. Auch die Indizes verändern sich an diesen Tagen oft sehr stark. So ist es keine Seltenheit, dass selbst ein Dow-Jones oder Dax 30 sich um fünf Prozent an einem Tag nach unten oder oben bewegt. Daran merken Sie mit Sicherheit, dass sich die Entwicklung eines Unternehmens in starker Abhängigkeit zu den jeweiligen Nachrichten befindet und sich somit die Aktienkurse rasant verändern können.

Doch es obliegt nicht nur den einzelnen Börsen selbst, Indizes zu veröffentlichen, oftmals tun dies auch Anleger/ -magazine, sonstige Aktionärsbriefe oder andere Wertpapieremittenten, wodurch eine große Vielzahl an Indizes entsteht. Wenn Sie einmal den Wirtschafts- und Finanzteil Ihrer täglichen Zeitung genauer betrachten, so fällt schnell auf, dass sich dort eine Menge verschiedener Indizes finden lassen. Dies liegt mit großer Sicherheit auch daran, dass die jeweiligen Börsen bei dem Herausgeben bzw. Zulassen von den Lizenzen Gewinne durch die anfallenden Gebühren einfahren können.

Jedoch bleibt der Hauptgrund für die Bildung der Indizes, dass durch Sie ein Markt oder eine Branche zusammengefasst abgebildet werden können. Aus der jeweiligen Ab- oder Aufwärtsbewegung des Indizes lassen sich nun verschiedenste Erkenntnisse gewinnen. Dies wird eben dadurch bestärkt, dass sich in den jeweiligen Hauptindizes der Länder zumeist die wirtschaftsstärksten bzw. die größten Unternehmen befinden, wodurch zum Beispiel die allgemeine Wirtschaftsleistung bzw. Entwicklung der Wirtschaft widergespiegelt werden kann. Die Kurse der Indizes hängen allerdings von einigen weiteren unterschiedlichen

Einflussfaktoren ab und können nicht allein aus der wirtschaftlichen Konjunktur abgeleitet werden. Dies kann beispielsweise die Politik sein. Denn werden einschlagende politische Entscheidungen verabschiedet bzw. finden politische Ereignisse, wie zum Beispiel Wahlen, statt, so wirkt sich dies entweder positiv oder negativ auf den Kurs aus. Letztlich bedeutet das allerdings für Sie keinesfalls, dass Ihre Aktien oder Ihre sonstigen Investitionen steigen oder fallen, wenn der Index sich verändert.

Doch was bringen Ihnen nun die Indizes genau? Sie können diese als einen vergleichbaren Maßstab zur Kontrolle und Prüfung Ihrer eigenen Investitionen ansehen. Performen Sie besser als der Leitindex in Ihrem Markt bzw. Segment?

Somit können Sie nicht nur Ihren Erfolg der Anlagen, welche in einem Index enthalten sind, überprüfen, sondern auch diejenigen, welche noch nicht groß genug für den jeweiligen Index sind, und so hinterfragen und operationalisieren, ob Ihre gewählte Anlage rentabel ist oder nicht. Gerade für aktiv gemanagte Fonds ist das Abschneiden des Indexes eine wahre Benchmark, welche es zu schlagen gilt, um die anfallenden Gebühren für Personal und Verwaltung zu rechtfertigen. Im Folgenden werden Sie Genaueres über die einzelnen großen Indizes aus Deutschland, der USA, Japan und China erfahren.

Deutsche Börse

Zu Beginn werden wir auf den größten deutschen Leitindex genauer eingehen. Zunächst bedeutet DAX Deutscher Aktienindex.

Allgemein ist die Börse gemäß der von der deutschen Börse herausgebenden Broschüre folgendermaßen konzipiert: „Die deutsche Börse konzipiert, berechnet und verteilt über 3.000 Indizes unter ihren Dachmarken DAX, DAXplus und DAXglobal und ist damit einer der innovativsten und renommiertesten Indexanbieter weltweit. Die bekanntesten

Basiswerte DAX, MDAX und DivDAX bieten Transparenz und eine klare Struktur für den deutschen Markt."[13] Hierbei bietet der DAXglobal die Möglichkeit, an den weltweiten Entwicklungen der sogenannten Emerging Markets teilzuhaben, und hat dadurch die Chance, am jeweiligen Wachstum auch zu profitieren. Hingegen bietet der DAXplus die Möglichkeit, sich ein Chance- bzw. Risiko-Profil zum Gesamtmarkt aufzubauen. Dieser legt den Wert bzw. die Gewichtung eher in die Richtung von moderneren Portfolios, welche auf die innovative Weiterentwicklung von klassisch traditionellen Indizes in Kombination mit neuen Anlagemöglichkeiten setzen.

Somit bekommen die Investoren an der deutschen Börse die Chance, ihr Kapital stets in innovative Indizes anzulegen mit der Aussicht auf Profit. Hierbei werden diese aus individuell systematisch vorgegebenen Richtlinien zeitweise angepasst, sodass man nicht in „tote" Unternehmen investiert. Bei der Entwicklung der Indizes steht im Vordergrund die optimale Umsetzung der Marktanforderungen. Die Entstehung des DAX führt in die 1980er Jahre zurück. Die Deutsche Börse errechnet diesen Index seit 1988.

Der Index entstand damals aus einer Börsen-Zeitung und der deutschen Wertpapierbörse. Allgemein wurde damals beschlossen, dass der DAX die 30 größten sowie umsatzstärksten Unternehmen beinhaltet, welche an der deutschen Börse in Frankfurt gehandelt werden. Durch die einfache und übersichtliche Möglichkeit, durch das Investieren in den Index, wird es den Anlegern möglich, in den allgemeinen deutschen Aktienmarkt anzulegen.

Der DAX wird zudem in der Öffentlichkeit als der Leitindex, welcher die allgemeine Wirtschaftsleistung widerspiegelt, bezeichnet. Um in

---

13 https://www.yumpu.com/de/document/read/4500913/pdf-broschure-deutsche-borse-blue-chip-indizes-dax-indicescom

diesen Leitindex aufgenommen zu werden, muss ein Unternehmen mehrere Kriterien erfüllen. Somit müssen die Aktien des Unternehmens im allgemeinen Handel am Kapitalmarkt auf der größten deutschen Handelsplattform, der Xetra (welche zur deutschen Börse AG angehört), zu den normalen Handelszeiten an der Börse zwischen 9:00 und 17:30 Uhr täglich handelbar sein. Eine weitere Grundvoraussetzung ist, dass das jeweilige Unternehmen entweder seinen Hauptumsatz der Aktien in Deutschland erwirtschaften muss oder seinen Hauptsitz in Deutschland hat. Zudem müssen die Unternehmen mindestens 10 % ihres gesamten Aktienkapitals als sogenannten Streubesitz verfügbar machen und zum Handel zulassen. Zuletzt müssen die Unternehmen im sogenannten „Prime-Standard"-Segment an der Deutschen Börsen AG gelistet sein.

Nun werden Sie mehr zum sogenannten MDAX erfahren. Der MDAX ist ebenfalls ein Index, dieser enthält fünfzig etwa mittelgroße deutsche Aktiengesellschaften. Die Mehrzahl dieser AGs sind in Deutschland tätige ausländische Unternehmen, welche aus den jeweiligen klassischen industriellen Bereichen stammen. Der Index soll allgemein die Entwicklung dieser mittelgroßen Industriewerte abbilden. Die enthaltenen Unternehmen folgen den dreißig Werten aus dem DAX bezüglich ihrer Marktkapitalisierung und dem Börsenumsatz. Die Unternehmen des MDAX werden in der Fachsprache als sogenannte Mid Caps bezeichnet.

Mid Caps

Generell sind Mid Caps-Aktien von mittelgroßen Unternehmen, wobei als Größenkriterien für die AGs die jeweilige Marktkapitalisierung verwendet wird. Diese lässt sich aus einer Formel errechnen und im Anschluss kann das Ergebnis als der jeweilige Börsenwert des Unternehmens verwendet werden.

Ein Unternehmen wird jedoch nicht ausschließlich mit Hilfe der Größenordnung in den MDAX einbezogen. In Deutschland ist von einem

Mid Cap zu sprechen, wenn die Marktkapitalisierung eines Unternehmens sich zwischen ca. 500 Mio. Euro und bis zu zwei Milliarden Euro bewegt. Der MDAX bildet die Mid Caps in Deutschland seit 1996 ab. Die Unternehmen des MDAX können Sie sich als Nebenwerte des normalen DAX vorstellen. Für Sie als Anleger kann das Investieren in den MDAX jedoch äußerst rentabel sein. Denn die Chancen, dass ein Unternehmen im MDAX eher unterbewertet ist, sind höher als im vergleichbaren DAX. Dies liegt vor allem daran, dass diese Unternehmen nicht im Hauptvisier der Anleger und Banken sind, da sich die Analyse der Mid Caps für Analysten der Banken meist als unwirtschaftlich herauskristallisiert bzw. weniger Informationen zugänglich für die breite Gesellschaft sind.

Daraus schlagen besonders spezialisierte Analysten sowie Anleger große Potentiale für sich heraus, denn durch den Mangel an Informationen können Chancen des Marktes früher wahrgenommen werden. Oftmals sind zusätzlich die Geschäftsmodelle der eher mittelständischen Unternehmen leichter einzuschätzen und zu verstehen, also transparenter als die der Großunternehmen.

Des Weiteren sind die Mid Caps manchmal noch im Besitz der Gründer oder auch Familien, wodurch ein großes und vor allem langfristiges Interesse an der allgemeinen Unternehmensentwicklung bzw. am Wachstum der Firma orientiert ist. Meist stehen die MDAX-Unternehmen denen des Leitindex des DAX in nichts nach. Oft sind diese nämlich auch Firmen, welche über mehrere Jahre hinweg sehr erfolgreich am Markt tätig waren bzw. sogar in Einzelfällen als Markführer ihrer Branche gelten. Viele der MDAX-Unternehmen konzentrieren sich auf die sogenannten Nischenmärkte und haben dort aufgrund ihrer großen innovativen Arbeit bzw. Entwicklung die Möglichkeit, auf kurzfristige Marktentwicklungen reagieren zu können.

Allerdings entsteht durch diese Spezialisierung auf einzelne Produkte das Risiko, dass die Nachfrage nach dem Hergestellten rasch abnimmt oder von Konkurrierenden am Markt ersetzt wird. Mid Caps sind im Allgemeinen besonders beliebte Übernahmekandidaten, wodurch besonders für die Anleger oft große Gewinne erzielt werden können. Die enthaltenen Firmen im MDAX sind im Allgemeinen mit einem höheren Risiko verbunden und eher für kurz- und mittelfristige Anlagen ausgerichtet. Generell sollten Investoren auch hier nicht alles auf eine Karte setzen, egal, wie überzeugt man vom Unternehmen ist. Die Verteilung Ihres Geldes auf unterschiedliche Branchen ist daher äußerst empfehlenswert. Doch zu Diversifikation erfahren Sie im Kapitel der Anlagestrategien Genaueres. An den DAX und MDAX schließen sich noch die etwas kleineren Unternehmen des SDAX an. Dieser beinhaltet 50 Werte, welche bezüglich ihres Orderbuchumsatzes und der Marktkapitalisierung dem MDAX folgen. Die enthaltenen Unternehmen werden in zwölf verschiedene Sparten unterteilt, wobei ein Drittel auf die Branchen der Industrie und Finanzleistungen zurückzuführen ist.

Neue Indizes

Im nächsten Abschnitt erfahren Sie noch zu zwei eher neueren bzw. innovativeren Indizes etwas – zum TecDAX und ÖkoDAX. Im TecDAX werden überwiegend deutsche, jedoch auch ausländische Unternehmen gehandelt, welche zu den 30 größten Technologieunternehmen zählen.

Der Index gilt als der führende Maßstab für die Entwicklung der Technologieaktien in Deutschland und konzentriert sich letztlich auf die eher kleineren bis mittelgroßen Aktienwerte der deutschen Börse. Der ÖkoDAX hingegen konzentriert sich auf Unternehmen, welche auf erneuerbare Energien und den allgemeinen Umweltschutz setzen.

Es geht um die Gewinnung gesunder Energiequellen aus Wasser, Wind, Sonne oder auch Biomassen und vielem mehr. Dies resultiert aus dem allgemeinen gesellschaftlichen Wandel und dem daherkommenden steigenden Interesse der Menschen an ökologisch erzeugtem Strom und

Co. Hinzu gesellt sich die Krise der Öl-Industrie sowie der allgemein entstehende Druck auf Unternehmen, welche noch nicht auf Klimaschutz bauen. Generell enthält der ÖkoDAX einen liquiden und transparenten Einblick in die deutschen Unternehmen des Sektors der erneuerbaren Energien. Die Zusammensetzung des Index wird zudem jedes Quartal überprüft und angepasst, sodass man einen regelbasierten und transparenten Basiswert erhält.

Vor der Depoteröffnung

TRADING-PSYCHOLOGIE

Was versteht man unter dem Begriff der Trading-Psychologie eigentlich? Dieser eher neuen Wissenschaft wird eine immer größere Gewichtung zugesprochen. Ein Problem ist jedoch, dass nur die wenigsten genau wissen, was darunter eigentlich zu verstehen ist.

Die Trading-Psychologie zu begreifen und zu kontrollieren, ist jedoch unausweichlich, sowohl für Einsteiger als auch für erfahrene Börsianer. Die menschliche Psyche ist nämlich der bedeutsamste Einflussfaktor für den Erfolg oder Misserfolg an der Börse. Denn die Trading-Psychologie beschäftigt sich mit der Wahrnehmung und Verarbeitung von Informationen, welche in Verbindung mit Finanzprodukten stehen. Ihre Entstehung findet das Forschungsgebiet in den achtziger Jahren der USA. Aus der Kombination der traditionellen wissenschaftlichen Untersuchungsmethoden und dem Fachwissen der Psychologie entsteht für Anleger die Erkenntnis ihrer Beweggründe für ihre Anlageentscheidungen am Kapitalmarkt.

Für Sie heißt das konkret: Sie müssen Ihre eigenen Denkmuster kennenlernen, verstehen und hinterfragen, mit dem Ziel, möglichst objektiv, also neutral von Emotionen, am spekulativen Kapitalmarkt agieren zu können. Geht man tiefer in die behaviorale Finanzforschung, so wird deutlich, dass Anleger zumeist aus unbewussten Verhaltensweisen agieren. Am Markt haben jedoch nur diejenigen langfristig eine Chance, die sich ihrem eigenen irrationalen Verhalten bewusst werden. Diese und viele weitere bedeutende Erkenntnisse für die Verhaltensökonomie lieferte Richard Tahler in seinem Buch „Misbehaving“. Ihm fiel bereits frühzeitig auf, dass sich Menschen von ihren Emotionen leiten lassen und aufgrund von Wut, Gier oder auch Angst falsche Entscheidungen bezüglich ihrer Anlagen und Investments tätigen. Merken Sie sich: Ihr Handeln an der Börse wird sich auf Ihre Psyche auswirken, dies lässt sich grundsätzlich bei wirtschaftlichen Risikogeschäften auch nicht ausschalten. Wichtig ist Ihre Anlagestrategie, die Sie verfolgen, und das Bewusstsein über die Auswirkungen, die der Handel mit sich bringt.

DIREKTBANKEN

Die Eröffnung eines Depots funktioniert so einfach wie nie zuvor. Gerade durch die fortschreitende Digitalisierung ist es uns sehr einfach möglich, zum Beispiel ein Depot bei einer Onlinebank, welche über kein eigenes Filialnetz verfügt, zu eröffnen. Solche Banken werden auch Direktbanken genannt und bringen einige Vorteile mit sich. In der heutigen Zeit der Digitalisierung entfernen sich immer mehr Menschen von den klassischen Filialbanken.

Wie oft haben Sie sich selbst schon geärgert über die Öffnungszeiten Ihrer Filialbank und der schwierigen Vereinbarung mit den eigenen Arbeitszeiten bzw. privaten Terminen? Des Weiteren sind die anfallenden Gebühren der Filialbanken stets geprägt von Steigerungen. Zudem werden immer mehr Filialen der Banken geschlossen, also zahlt der Kunde letzten Endes mehr Geld für weniger Service als zuvor. Auch immer niedriger werdende Zinsen bis letztlich hin zur Nullzinspolitik sprechen nicht wirklich für die klassischen Banken.

Im Allgemeinen geht der Weg hin zur Abwicklung der eigenen Finanzgeschäfte im Internet, weswegen immer mehr Menschen hin zu den filiallosen Direktbanken wechseln. Diese Entwicklung zeichnet sich bereits seit über 20 Jahren ab, so wachsen die Zahlen der Direktbanken rasant, zum Leitwesen der regional verankerten genossenschaftlichen Volks- und Raiffeisenbanken oder auch der Sparkassen, bei welchen jedoch immer noch die meisten Privatkunden ihre Konten führen. Die höheren Gebühren dieser klassischen Filialbanken sind jedoch auch begründet durch ihr jeweiliges kostenträchtiges Filialnetzwerk, weswegen diese Institute letztlich eine höhere Kostenstruktur als vergleichbare Direktbanken aufweisen. Diese verzichten eben auf diese stationären Vertriebsformen, wie zum Beispiel die Filialen und Geschäftsstellen. Allerdings begründen aufbauend auf dieser Struktur die Banken ihre Nähe zu den jeweiligen Kunden, während dies bei Direktbanken schlichtweg nicht der Fall ist.

Jedoch begründen die Leitungen der Filialbanken, dass sie aufgrund des höheren Wettbewerbes um Kunden Filialen schließen bzw. zusammenführen müssen, um weiterhin langfristig wettbewerbsfähig zu bleiben, verlieren dadurch aber auch an eben dieser Nähe zu den Kunden. Zudem haben die Filialbanken sich auch dem Fortschritt der Digitalisierung genähert, sodass man bereits seit längerem die sogenannten Standardgeschäfte, wie zum Beispiel das Tätigen von Überweisungen oder auch das Einrichten und Verwalten von Daueraufträgen, im Internet abwickeln kann. Letztlich verbleiben den Filialbanken noch die älteren Kunden, welche ihre Finanztätigkeiten in der jeweiligen Filiale tätigen und dies mit den alltäglichen Tätigkeiten, wie zum Beispiel dem Einkaufen, verknüpfen.

Bezüglich langfristiger Entscheidungen und sonstigen höheren Kapitalsummen setzt allerdings immer noch eine Vielzahl an Menschen auf den persönlichen Austausch mit dem jeweiligen Bankberater in den Filialen. Letzten Endes bleibt es jedoch wohl fraglich, ob die hohen Kosten, welche durch das Filialnetz entstehen, tragbar bleiben und diese nicht immer weiter geschlossen und fusioniert werden, um dauerhaft und langfristig Gewinne erzielen zu können und sich gegenüber den Direktbanken halten zu können. Für die Direktbanken sprechen allerdings nicht nur die beinahe zeitlose Möglichkeit, diese zu erreichen, und die geringeren Kosten im Vergleich zu den Filialbanken. Hierzu muss man einen Blick in die Vergangenheit werfen. In den 1980er Jahren konnte man die Geldinstitute mit einer behördenähnlichen Einrichtung vergleichen, welche in der Öffentlichkeit keinen allzu positiven Ruf genossen haben. Mit der Zeit konzentrierten sich die Filialbanken in der 1990er Jahren immer mehr auf das Investmentbanking-Geschäft, da dieses mit höheren Gewinnmargen verbunden war.

Zu diesem Zeitpunkt erhielt die Börse einen stärkeren Boom und durch das Handeln der Banken wurden mehr und mehr Unternehmen an die Börse gebracht. Bezüglich des Geschäftes mit den Privatkunden wurde sich zunehmend auf das Klientel konzentriert, welches höhere Anlagesummen, mit einem Anlagevolumen ab dem sechsstelligen Betrag, fokussiert. Besonders für Privatkunden und auch kleinere Unternehmen waren die Angebote der Banken oftmals nicht wirklich überzeugend bzw. oft deutlich schlechter als für Großkunden bzw. diejenigen, die generell ein größeres Kapital zur Verfügung haben. Dann kamen so langsam die Direktbanken als wirklich ernstzunehmende Alternative ins Spiel. Nun profitieren besonders diese von der Digitalisierung und der allgemeinen Entwicklung in der Gesellschaft, die eigenen Finanzen im Internet zu erledigen.

Und dieser Trend setzt sich immer weiter fort, zusätzlich steigt auch in dieser früheren Nische das Angebot und es gibt eine immer größere Anzahl an Online-Brokern. Auch diese stehen dann im Wettbewerb zueinander, wovon letztlich Sie als Kunde profitieren. Denn dadurch drücken sich die Preise und sonstige Gebühren nach unten. Dadurch, dass sich die Direktbanken auch immer weiter in eine Richtung spezialisieren, ist letztlich für jeden Wunsch eines Kunden eine passende Direktbank vorhanden. Hierzu empfiehlt es sich, dass Sie sich zum Beispiel im Internet auf sonstigen Videoplattformen oder in spezielleren Internetforen einlesen und die für Sie selbst passende Direktbank herausfinden.

Investment praktisch

Wenn Sie sich einmal für eine Aktie oder den Kauf eines Wertpapieres entschieden haben, so stellt sich nun die Frage, wie man nun eigentlich vorgeht. Sie erfahren jetzt, wie Sie eine Aktie kaufen und verkaufen können, wo Sie diese erwerben können und auch, wie auf diese „aufgepasst" wird, also wie diese aufbewahrt wird. Sie kennen ja bereits den Unterschied zwischen den Formen einer Bank. Sie müssen nun für sich festlegen und entscheiden, ob Sie zu einer Direktbank oder zu einer Filialbank gehen möchten.

Dies ist bei jedem unterschiedlich, denn während der eine großen Wert auf eine persönliche Betreuung und vor allem auch auf Beratung legt, so tut dies ein anderer nicht und möchte selbst und eigenständig handeln und entscheiden, ohne von anderen dabei beeinflusst zu werden. Ein wichtiger Faktor ist ebenfalls, dass die Online-Direktbanken oft deutlich kostengünstiger sind als die Filialbanken. Denn das Auftragen von Wertpapier-Käufen oder auch -Verkäufen sowie sonstige Aktionen in Verbindung mit Wertpapieraufträgen werden nicht kostenlos ausgeführt.

Hierzu können Sie sich auf verschiedensten Testsieger-Portalen die zur Verfügung stehenden Anbieter ansehen und direkt vergleichen, um den richtigen für Sie zu finden. Fakt ist, Sie sollten die Gebühren eines Depots der Plattformen vergleichen sowie die jeweiligen Kosten, welche bei den unterschiedlichen Transaktionen anfallen. Nachdem Sie sich für einen Anbieter entschieden haben, steht die Anmeldung und Legitimation für den Wertpapierhandel bevor.

Dies geschieht heutzutage bei vielen Plattformen über den Video Ident oder per Post, funktioniert reibungslos und ist normalerweise innerhalb von 2-3 Werktagen abgeschlossen. Nun können Sie frei am spekulativen Kapitalmarkt handeln. Beachten Sie das Gelernte aus diesem Buch, um nicht auf die Nase zu fliegen. Doch seien Sie sich generell bewusst, dass das geschehen kann, und dann müssen Sie in der Lage sein, dies zu verkraften bzw. beim Erwerb der Wertpapiere dies mit einzukalkulieren. Nun wählen Sie die Aktie, den ETF oder sonstiges in Ihrem Account des Depotanbieters aus und drücken auf Kaufen. Dann werden Sie gefragt, wie viele Anteile Sie erwerben möchten. Keine Sorge, verdrücken fällt gar nicht so leicht, denn man bekommt vor dem Abschluss des letztlichen Kaufes eine Gesamtkostenübersicht, sodass Sie nochmals überprüfen können, wie viel Geld Sie gerade anlegen. Beim Kauf eines Wertpapieres stellt sich auch die Frage, an welcher Börse Sie handeln möchten.

Hierbei gibt es grundsätzlich verschiedene Faktoren, welche es zu beachten gibt, allerdings übersteigt dies wahrscheinlich den Rahmen dieses Buches. Zudem ist es bei den meisten Brokern so, dass diese mit festen gepartnerten Börsen kooperieren und somit diese möglichweise schwierige Qual der Wahl entfällt.

Ansonsten machen Sie mit dem Online-Anbieter der Deutschen Börse, der Xetra, letztlich nichts falsch. Diese ist ein Handelsplatz von der Frankfurter Wertpapierbörse, welche in Deutschland mit einem Marktanteil von über 75 % Prozent an gehandelten Wertpapieren klarer Branchenführer ist und somit von vielen Einsteigern und Neulingen an der Börse sorgenfrei verwendet werden kann. Wenn Sie sich einmal dafür entscheiden, eine Aktie zu verkaufen, so tun Sie dies wiederum ebenfalls über Ihren Broker-Account. Dies ist vergleichbar mit dem Kauf eines Anteiles. Sie klicken sich durch die Formalitäten durch und bekommen einen Verkaufspreis für Ihre Wertpapiere angeboten. Dieser liegt oft leicht über dem Kaufpreis einer Aktie und Sie erhalten vor dem endgültigen Verkauf eine Übersicht über die Verkaufshöhe und die dabei anfallenden Gebühren.

Anlagestrategie

Zunächst sollten Sie für diesen Abschnitt klären, welcher Typ Geldanleger Sie sind. Hierfür werden Sie sich damit auseinandersetzen müssen, ob Sie ein Trader oder ein Investor sind. Doch generell ist die Börse nicht für jedermann geeignet. Denn generell ist das Anlegen von Geld mit einem Risiko verbunden und das sollte jedem vor Beginn seiner Reise zum finanziellen Vermögensaufbau klar sein. Gerade, weil das Risiko gegeben ist, können überhaupt erst Gewinne erzielt werden, „denn wer nicht wagt, der nicht gewinnt", heißt es nicht umsonst so schön. Als Anleger an der Börse sollten Sie grundsätzlich dazu fähig sein, dass Sie einsichtig handeln, Ihre eigenen getroffenen Entscheidungen hinterfragen und, wenn nötig oder sinnvoll, auch wieder zurücknehmen können, wenn diese falsch waren.

Des Weiteren sollten Sie stets einen Notgroschen zur Verfügung haben, also liquides Geld, welches Ihnen unabhängig von Ihrer Geldanlage an der Börse sofort und zu jedem Zeitpunkt zur Verfügung steht. Zudem sollten Sie sich immer im Klaren darüber sein, dass Sie jede Entscheidung am spekulativen Kapitalmarkt in Eigenverantwortung abschließen und die Konsequenzen darüber auch letztlich immer selbst tragen müssen. Allgemein sollten Sie ein eigenständiges Interesse am Aktienmarkt im nationalen und internationalen Raum haben und auch an tiefergehenden Informationen ein gewisses Interesse und Engagement an den Tag legen.

INVESTOR ODER TRADER?

Ein **Investor** kann laut dem Duden eine „Person, Firma oder Ähnliches sein, die investiert, also das Kapital anlegt". Das Wort kommt aus dem Englischen und stammt von „to invest" ab, was so viel bedeutet wie

„etwas anlegen“. Merken Sie sich: Ein Investor ist grundsätzlich jemand, der Geld von sich nimmt und in ein Unternehmen investiert bzw. anlegt. Dabei hat dieser stets die Erwartung, dass das ausgewählte Unternehmen mit dem Geld sinnvoll handelt und dieses gewinnbringend weiterverwendet.

Hingegen ist ein **Trader** gemäß dem Duden ein Anleger mit überwiegend spekulativem Interesse. Hierbei geht der Ursprung des Begriffes ins Englische zurück und bedeutet wörtlich übersetzt so viel wie „Händler“.

Letztlich müssen Sie entscheiden, wo Sie sich selbst zuordnen wollen, jedoch ist ein grundsätzliches Bewusstsein darüber, welcher Anlegertyp man ist, äußerst sinnvoll und für die eigene Trading-Psychologie nicht unbedeutend.

TIPPS ZUM VERMÖGENSAUFBAU

Kontinuität
Diesen ersten Tipp sollten Sie sich zu Herzen nehmen, besonders als Neuling an der Börse bzw. als Kleinanleger. Denn das Wichtigste ist zunächst einmal, anzufangen, und hierzu sollten Sie nicht direkt alles, was Sie haben bzw. besitzen, anlegen. Allein wegen des entstehenden Cost-Average-Effektes ist es für einige Kleinanleger sinnvoll, zum Beispiel einen festen monatlichen Betrag bzw. eine kleinere Summe zu investieren, um den Weg zum richtigen Vermögensaufbau beginnen zu können.

Durch das regelmäßige Investieren wird es Ihnen zunächst möglich sein, unabhängig von den eigenen Emotionen Ihr Geld anzulegen. Zudem wird Ihr Erfolg nicht von einem guten Markttiming abhängig sein, bei sinkenden Kursen bzw. wenn diese gefallen sind, erhalten Sie mehr

Anteile an Unternehmen und bei steigenden bzw. höheren Kursen weniger, jedoch ist das entscheidende, dass Sie langfristig einen durchschnittlich niedrigen Preis bezahlen im Vergleich dazu, wenn Sie in einem Markthoch Ihre gesamte Anlagesumme anlegen.

Laufzeit

Grundsätzlich ist es von Vorteil, wenn Ihr persönlicher Anlagehorizont möglichst langfristig ausgerichtet ist. Denn es kann immer passieren, dass Sie gerade dann investieren, wenn der Markt eine Korrekturphase hat. Das heißt, dass Sie Anteile an Unternehmen oder sonstigem erwerben und diese zunächst stark an Wert verlieren.

Mit der Zeit reduziert sich das Risiko allerdings immens und wenn man in ein grundsätzlich solides Unternehmen investiert, so wird die Börse auch eine Korrekturphase wieder ausgleichen und es wird somit für Sie ein möglichst positives Ergebnis erzielt.

Diversifikation

Jeder Anleger benötigt eine eigene Strategie für sein Depot und dabei ist die Diversifikation der Wertanalagen das A und O, um an der Börse eine Chance zu haben. Das bedeutet, dass man bei der Kapitalanalage nicht alles auf eine Karte setzt, sondern auf verschiedene Assetklassen oder sonstige Anlagen verteilt. Dies führt bis hin zur Verteilung auf unterschiedliche Währungen, Branchen oder Länder. Das Ziel des Ganzen ist es, dass durch die Verteilung die gesamten Schwankungen der Einzelwerte ausgeglichen werden können. Somit sinkt mit größerer Diversifikation die Wahrscheinlichkeit, dass bei einem Portfolio, welches verschiedene Wertpapiere enthält, das Risiko von Totalverlusten. Grundsätzlich sollte man dies jedoch alles unter Kontrolle halten, denn laut einem Aktienbrief von boerse.de verlieren immer mehr Anleger aufgrund von zu großer Diversifikation den Überblick über ihre Anlagen.[14]

Für Sie als Einsteiger ist es daher empfehlenswert, höchstens auf ca. zehn verschiedene Investments zu setzen. Dabei sollten Sie sich zunächst ein Fundament aufbauen, in welchem möglichst konservative bzw. sicherheitsorientierte Anlagen einen relativ großen Bestandteil Ihres Portfolios ausmachen.

Verstehen
Am spekulativen Kapitalmarkt gibt es mittlerweile tausend verschiedene innovative und vielversprechende Finanzprodukte und sich in diesem Dschungel von Angeboten zurecht zu finden, kann für den einen oder anderen schon einmal sehr schwierig werden. Eine wichtige Grundregel, welche Sie hierbei durch das Abenteuer leiten kann, ist es, grundsätzlich ausschließlich in Unternehmen (oder sonstiges) zu investieren, von welchen Sie auch etwas verstehen. Setzen Sie auf Werte, welche eine möglichst transparente Struktur aufweisen und mit welchen Sie in Ihrem privaten Leben sowieso schon in Kontakt stehen.

RISIKOBEREITSCHAFT BZW. MANAGEMENT

Analyse eines Portfolios

Das Analysieren Ihres Portfolios wird in Zukunft des Öfteren auf Sie als Investor zukommen. Hierbei überprüfen die Anleger ihre gesamten Wertanlagen, in welche Sie investiert haben, und treffen im Anschluss die Entscheidung, ob etwas zu verändern ist oder eben nicht. Diese Analyse sollten Anleger zumindest einmal im Quartal erledigen und damit Sie dies tun können, werden Sie nun mehrere Kriterien erhalten und erfahren, wie Sie mit den richtigen Fragen handeln können.

---

14 https://www.boerse.de/aktienbrief-kostenlos-lesen?variante=5&page=1&linknr=65475

Grundsätzlich ist anzumerken, dass auch spezielle Unternehmen erkannt haben, dass zu viele Anleger ihre Portfolios nicht auf den Prüfstand stellen, und bieten dies daher als einen Service an. Allerdings müssen Sie als Anleger dann bereit sein, Ihre gesamten Vermögenswerte vor Dritten offen zu legen, und zusätzlich fallen für diese Dienstleistung Kosten an. Letztlich bleibt nur Ihnen die Entscheidung überlassen, jedoch wissen Sie am besten, nach welchen Wünschen Sie handeln und welche Ziele Sie verfolgen, weshalb Sie die Analyse selbst übernehmen sollten.

Grundsätzlich ist ein Portfolio eine Mappe, in welcher Unterlagen komprimiert gesammelt werden können. Bezieht man dies nun auf den finanziellen Bereich, so ist darunter die Gesamtheit Ihrer Vermögenswerte und sonstiger Investitionen zu verstehen. Dazu zählen auch sonstige Vermögenswerte, wie zum Beispiel Ihr Eigentum, Kunstgegenstände und private Sammlungen, natürlich neben dem eigentlichen Aktiendepot und sonstigen Anleihen. Zu Ihrem zu wertenden Portfolio zählt allerdings ausschließlich das, was zum Zeitpunkt des Kaufes als Investition bzw. Wertanlage geplant war.

Möchte man nun dieses Portfolio analysieren, so fällt besonders bei erfahrenen Anlegern mit einem Anlagehorizont von mehreren Jahrzenten auf, dass diese häufig den Überblick darüber verlieren, welche Anlagen Sie überhaupt besitzen. Sie stellen sozusagen immer mehr Fahrräder in Ihre Garage.

Hierbei sind mehrere davon schlichtweg nicht mehr gebrauchsfähig und sollten entfernt werden. Damit Ihnen das nicht passiert, machen Sie einmal im Quartal sozusagen einen Frühjahrsputz und schmeißen ein paar schlecht laufende Werte, welche Ihren Vorstellungen bzw. Zielen nicht nachkommen, aus dem Depot und ersetzen diese. Sie überprüfen durch Ihre Portfolio-Analyse Ihre Investments bezüglich Ihrer Kapitalanbindung, des Zeithorizontes und des Risikos, sodass Sie Ihre Vermögenswerte im Blick haben. Zunächst sollten Sie sich auf Ihre Ziele konzentrieren und hierfür eignen sich gemäß des Lynx Brokers folgenden drei Basisfragen[15]:

- Wie sieht der Weg dorthin aus, was meine persönlichen Lebensumstände angeht?
- Was will ich wann erreicht haben?
- Bin ich bereit, Risiken einzugehen, und wenn ja, bis zu welchem Grad?

Diese Fragen müssen Sie sich nun selbst stellen und mit den Antworten der Fragen sollten Sie dann den „Ist"-Stand abgleichen. Generell gehören zu Ihrem Portfolio alle Vermögenswerte, welche gesondert als Anlage zur Vermögensvermehrung und -erhaltung geplant waren, also zum Beispiel Anleihen, Edelmetalle, Sammlerstücke, Aktien und Immobilien, aber ebenfalls können Bargeldreserven jederzeit für liquide Investments verwendet werden.

Gemäß Lynx zählen hierzu auch die privaten Rentenversicherungen, welche für die Liquiditätsversorgung im Alter investiert sind. Abzugrenzen für Ihre Analyse des Portfolios sind Ihre selbst genutzten Immobilien, Sammlergegenstände oder auch Edelsteine/Silber/Gold, welche nicht für den Verkauf gedacht sind, solange dies nicht aus besonderer Not zwingend erforderlich wäre.

Allerdings sollte dies im Normalfall nicht auftreten, Sie sollten nur das Geld investieren, welches Sie entbehren können. Denn spontane notgedrungene Verkäufe sollten zwingend vermieden werden, denn wenn Sie zum Verkauf gezwungen sind und gerade eine ungünstige Entwicklung Ihrer Investments erwischen, so werden Sie nicht nur keine Gewinne einfahren, sondern noch viel weiter sogar Verluste machen.

[15](https://www.lynxbroker.de/boerse/trading/portfoliomanagement/portfolio-analyse-so-analysieren-sie-ihre-vermoegenswerte/

Deshalb empfiehlt es sich, stets einen Notgroschen zwischen 3-5 Netto-Gehältern auf einem gesonderten Konto zur Verfügung zu haben. Nachdem Sie nun klar wissen, welche Vermögenswerte zu Ihrem zu analysierenden Portfolio hinzuzählen und sich über die Ziele Ihrer Investments klar sind, so geht es nun an die nächsten Basisfragen, welche der Lynx-Broker herausgebildet hat:

- **Ist das Investment zielführend, was meine persönlichen Erwartungen und Neigungen in Sachen Risiko angeht?**
- **Ist das etwas, mit dem ich zurechtkomme, das ich aufgrund meiner Erfahrungen überblicke und im Griff habe?**
- **Hat das Investment eine positive Perspektive vor sich in der Zukunft bezüglich der Gewinnchancen?**
- **Sollte bzw. möchte ich dieses Investment ausbauen oder besser reduzieren, weil es ein zu geringen bzw. im Gegenteil ein zu hohes Gewicht in meinem Portfolio hat?**

Nun sollten Sie sich die Fragen ehrlich beantworten, denn nur Sie können und sollen entscheiden, welches Fahrrad noch in Ihrer Garage stehen sollte und welches nun auf den Wertstoffhof gefahren werden muss. So sollten Sie diejenigen Anlagen aus dem Portfolio entfernen, welche nicht wie erwünscht laufen.

Grundsätzlich entscheidet jeder Anleger, auf welche Anlagewerte man setzt. Während der eine auf Anleihen setzt, so setzen andere auf Kursgewinne, Renditen und Zinszahlungen durch Aktien oder sonstige Anlagen. Sie sollten sich daher stets auf Ihre eigenen subjektiven Ziele und auf sonstige Eindrücke und Gefühle verlassen. Basierend auf genau dieser Individualität an der Börse ist es äußerst schwierig, allgemeingültige Regeln herauszubilden, somit hilft es Ihnen nur weiter, wenn Sie Ihre Entscheidungen selbst treffen. Daher rät der Lynx-Broker, dass Sie immer nur mit Ihrem eigenen Kapital investieren und niemals bei einer Bank einen Kredit für Ihren eigenen Einkauf von Wertpapieren aufnehmen. Zwar sind die Kredite in Zeiten von Niedrigzinsen bzw. teilweise Negativ-Zinsen ansprechend, jedoch können Ihre Investments negativ verlaufen. Das Risiko ist somit nicht mehr überschaubar bzw. greifbar und wenn Sie den vorfinanzierten Kredit zurückzahlen müssen und die Kurse äußerst tief sind, so entstehen riesige Probleme. Ein weiterer Hinweis, dass Sie Ihr Portfolio unabhängig der Kurse dringend verändern müssen, ist, wenn Sie deshalb nicht mehr zur Ruhe kommen bzw. nicht mehr schlafen können. Dann ist es unumgänglich, dass Sie so weitermachen.

Letztlich können Sie zwar immer auf Experten zurückgreifen und sich die Hilfe von diesen erwerben, jedoch können Sie sich eben grundsätzlich selbst hinterfragen, ob eine Veränderung des Investments nötig ist oder noch nicht. Grundsätzlich ist jedes Portfolio anders, jeder Anleger agiert und entscheidet nach seinen individuellen Überzeugungen. Wichtig ist, sich Zeit zu nehmen für die eigene Analyse und sich ehrlich zu beantworten, ob man Werte aus dem Portfolio ersetzen sollte. Dies sollten Sie einmal im Quartal machen bzw. sollten Sie sich in diesem Zeitraum zumindest einen Überblick machen und mindestens einmal jährlich eine wirkliche Portfolio-Analyse durchführen.

Für die Analyse Ihres Portfolios gibt es auch verschiedenste Analysemethoden, welche Sie im nun Folgenden kennenlernen werden. Diese Analysemethoden werden im Buch „Börse für Dummies: Machen Sie mehr aus Ihrem Geld“ genauer untersucht und äußerst sinnvoll und transparent vereinfacht dargestellt.

Fundamentale Analyse

Die fundamentale Analyse legt den Fokus darauf, dass man die eigentliche Aktie und das dahinerstehende Unternehmen analysiert. Es geht darum, den inneren Wert einer Aktie, also den eigentlichen realen Wert, zu erfahren. Dahinter steckt die Grundidee, dass, wenn der wahre innere Wert einer Aktie höher ist als der aktuelle Kurswert, der Kurs der Aktie in der logischen Folge ansteigen sollte, und genauso funktioniert dies in die andere Richtung. Hierzu müssen Sie den inneren Wert einer Aktie genau definieren und dafür müssen Sie den gesamten Wert einer AG herausfinden bzw. ermitteln und diesen im Anschluss daran durch die jeweilige Anzahl der ausgegebenen Aktien teilen. Somit beginnt die fundamentale Analyse mit der Anschaffung von Informationen, welche sich auf das Unternehmen beziehen. Hierzu sollten Sie mit der Globalanalyse beginnen. Diese bezieht sich auf gesamtwirtschaftliche Daten und setzt sich fort hin zu branchenspezifischen Informationen, bis diese Analyse ihren Abschluss beim Unternehmen selbst findet.

Somit wird es Ihnen möglich sein, mit Hilfe einer Einzelanalyse einer Aktie diese richtig einzustufen. Generell gilt es jedoch, dass Sie auf der jeweiligen Informationsstufe zwischen den Kursen unterscheiden. Hierbei gibt es zum einen diejenigen, welche den Kurs direkt beeinflussen können, und zum anderen die Daten, welche ausschließlich das Umfeld betreffen, jedoch selbstredend zu späteren Kursänderungen führen. Hierbei profitieren auch Sie als Privatanleger von der Digitalisierung. Denn durch diese ist es uns möglich, so leicht wie nie zuvor an Informationen über Unternehmen heranzukommen.

Längst sind keine Ausbildungen oder ein Studium in den jeweiligen Fachbereichen notwendig, um diese Informationen auch verarbeiten zu können. Wichtig für diesen Schritt ist es, zu verstehen, wie sich die Wirtschaftslage speziell auf die AG auswirkt, an welcher Sie interessiert sind, und wie sich diese in der Zukunft entwickeln wird. Aus diesem Grund spielen die jeweiligen frühen Indikatoren der Konjunktur eine wichtige Rolle dafür, etwa die Auftragseingänge und die Kapazitätsauslastung. Denn diese zeigen sehr früh den Trend auf, in welche Richtung es mit der

Konjunktur gehen wird. Des Weiteren kann der ifo-Geschäftsklimaindex hilfreich sein bzw. ein wichtiger Indikator dafür sein, wie die Stimmung in der Wirtschaft zu Rate gezogen wird. Diese wird vom Institut für Wirtschaftsforschung in München herausgegeben und beeinflusst die Börse auf zwei verschiedene Arten. Wenn diese nach oben zeigen, so ist die Entwicklung für die Wirtschaft und des Unternehmens positiv und somit folgen daraus steigende Aktienkurse. Wenn die allgemeinen Frühindikatoren eine gute Entwicklung abzeichnen, so führt dies zu Optimismus bei den Anlegern, wodurch sich dieser wiederum positiv auf die Aktienkurse auswirkt. Grundsätzlich gibt es jedoch viele weitere Frühindikatoren, welche sich auf den Kurs positiv oder negativ auswirken können, so kann sich zum Beispiel aus der Auftragslage von Unternehmen abbilden, wie sich das Unternehmen in Zukunft entwickeln wird.

Die nötigen Informationen darüber erhalten Sie normalerweise auf der jeweiligen Internetseite eines Unternehmens oder im Allgemeinen lässt sich eine Tendenz für die nähere Zukunft einer Aktie herausfinden. Hinzu kommt, dass man auch anhand der jeweiligen Kapazitätsauslastung eines Unternehmens einiges herausfinden kann. So können Sie sich generell merken, dass, wenn die Konjunktur seit einiger Zeit gut läuft, die Auslastung der Kapazitäten normalerweise recht hoch ist. Dann kommen jedoch auch zusätzliche Kosten auf die Unternehmen zu, denn durch die höhere Auftragslage werden Steigerungen in der Produktion folgen. Somit muss diese in neue Anlagen und Maschinen investieren, das befeuert die Konjunktur weiter.

Genau umgekehrt, also wenn die Konjunktur niedrig ist, so können diese Steigerungen leichter aufgefangen werden und dies wirkt sich direkt auf die jeweiligen Gewinne eines Unternehmens aus. Die Gewinne sinken jedoch exponentiell nach unten, wenn die Auslastung deutlich und kurzfristig sinkt, somit können die Unternehmen im Einkauf nur geringe Kostenvorteile aufgrund niedrigerer Stückzahlen machen.

Abschließend sollten Sie sich merken, dass sich die Bewegungen in der Konjunktur und auch die sich veränderten wirtschaftlichen Wachstume eines Unternehmens immer auf die Aktienkurse abfärben.

Generell ist die Wirtschaftsbranche äußerst komplex und vielschichtig und zudem treffen häufig verschiedene Vorstellungen von Zielen aufeinander und kollidieren. Somit wird es auch den besten Unternehmen wohl kaum möglich sein, ständige Vollbeschäftigungen der Mitarbeiter, Anlagen und Maschinen sowie eine Stabilität in den Preisen zu garantieren – vor allem nicht in der Kombination eines stabilen Wachstums und eines außenwirtschaftlichen Gleichgewichts.

Ein weiterer für Anleger ausschlaggebender Grund, sich für eine bestimmte Aktie zu entscheiden, sind die Zinsen. Diese bilden generell eine wichtige Einflussgröße für die gesamtwirtschaftliche Lage sowie für die dazugehörigen Kurse der Aktien. Hingegen werden die Zinsen höher, um einer Inflation entgegenzutreten. Zudem wird durch höhere Zinsen die allgemeine Wirtschaftsleistung niedriger und die Konjunktur wird etwas ausgebremst. Merken Sie sich: Wenn eine hohe Liquidität herrscht, so ist allgemein viel Geld im Umlauf und dann wird die Notenbank die Zinsen nach oben erhöhen. Wenn allerdings eher wenig Liquidität vorhanden ist, dann gehen daraufhin die Zinsen nach unten. Eine hilfreiche Informationsquelle bietet die europäische Zentralbank, denn diese gibt regelmäßig Referenzwerte für den jeweiligen angestrebten Zuwachs der Geldmenge bekannt und kann problemlos auf der Internetseite nachgelesen werden, aber die Informationen erhalten Sie zum Beispiel auch auf www.bundesbank.de.

Das Thema des Investierens ist für einige Unternehmen unumgänglich. Die Bereitschaft eines Unternehmens, in neue Mitarbeiter und sonstigen Anlagen zu investieren, stellt einen bedeutenden Frühindikator dar und kann auch den zukünftigen Wert stark beeinflussen. Generell hängt dies jedoch auch stark mit dem Arbeitsmarkt zusammen. Denn selbst die Unternehmen, die bereit sind, in neue Mitarbeiter zu investieren, benötigten passendes Personal vom Arbeitsmarkt. In Deutschland profitieren die Unternehmen auch von den immer besser werdenden Ausbildungen und des Schulsystems, und die allgemeine Wirtschaft wird durch die niedrigen Arbeitszahlen angekurbelt.

Während der Corona-Pandemie könnte sich dies jedoch verschlechtern, dagegen hat die Politik bereits einige Maßnahmen getroffen, etwa die gesonderten Gelder, welche an Privatleute und Unternehmen ausgeschüttet werden. Auch von einem Bonus wie dem erhöhten Kindergeld profitiert letztlich nicht nur der Privathaushalt, sondern auch die Wirtschaft, denn dadurch ist wieder mehr Geld im Umlauf und die Leute konsumieren mehr. Ein letzter Gedankengang zu den Informationen rund um die Gesamtwirtschaft ist, dass Deutschland auch von international getroffenen Entscheidungen abhängig ist.

Insgesamt verkauft Deutschland mehr Waren ins Ausland als andersherum. Hierbei kommen die Ihnen bereits geläufigen Wechselkurse ins Spiel und spielen außerhalb der Eurozone eine entscheidende Rolle. Somit ist zum Beispiel ein steigender Kurs des Euros ein wichtiger Faktor bezüglich der gehandelten Rohstoffe, welche mit dem US-Dollar gehandelt werden. Und von diesen ist die deutsche Wirtschaft stark abhängig, denn daraus werden weitere Produkte herausgearbeitet.

Merken Sie sich, dass, wenn der Wert des Euros relativ niedrig ist, die gesamte Konjunktur angekurbelt wird und die Gewinne der Unternehmen ansteigen. Hierbei spielt auch die Inflation eine wichtige Rolle. Denn wenn ein Produkt im Preis steigt, im Vergleich zu den Vorjahren, so verliert das Geld an Wert und die Inflation steigt. Nun widmen wir uns der Analyse des inneren Wertes eines Unternehmens. Hierbei ist es Ihnen möglich, den wahren Ertragswert oder den Substanzwert zu ermitteln.

Zunächst werfen wir ein Auge auf den sogenannten Ertragswert. Dieser setzt sich einfach nur aus den Gewinnen eines Unternehmens zusammen, welche es in Zukunft voraussichtlich machen wird bzw. soll. Das Einfahren von Gewinnen ist letztlich ja auch das große Ziel eines jeden Unternehmens. Der Ertragswert ist somit der heutige Wert aller für die Zukunft erwarteter Auszahlungen. Dies beinhaltet auch, dass die Ergebnisse, welche in der Zukunft gemacht werden, auf ihren heutigen Wert abgezinst werden müssen, um den realen Ertragswert zu erhalten. Das Problem, was nun bevorsteht, ist, dass das Voraussagen von Gewinnen äußerst schwierig ist und selbst das Management des Unternehmens kann dies nur äußerst vage beziffern und letztlich kann das niemand mit einer hohen Wahrscheinlichkeit voraussagen.

Der Substanzwert eines Unternehmens hingegen lässt sich im Gegensatz dazu aus der Summe aller aktuellen Vermögenswerte berechnen, diese wird bewertet zu den Marktpreisen und verringert um die Schulden. Somit beinhaltet der Substanzwert gemäß dem Buch „Börse für Dummies“ alle Immobilien, Maschinen und sonstige Anlagen sowie Anteile an anderen Unternehmen bzw. Aktiengesellschaften, aber auch Warenvorräte und sonstige liquide Mittel.

Also wird die gesamte Bilanz berechnet und aus dieser wird der Ausgangspunkt dargestellt, denn letztlich sind die Positionen in der Bilanz oft niedriger bewertet als ihr eigentlicher Wert. Stellen Sie sich den Substanzwert letzten Endes eher als Bestandswert vor. In der Praxis kommt die Berechnung des Wertes oftmals dann zum Einsatz, wenn die Inhaber eines Unternehmens planen, dieses in Teilen zu veräußern. Merken Sie sich, dass das Eigenkapital eines Unternehmens, das Kapital, welches gezeichnet wurde, und zusätzlich die Rücklagen hinzugezählt werden und nun durch die Anzahl der Aktien geteilt werden muss. Daraus erhalten Sie das sogenannte Nettovermögen pro Aktie und somit einen Anhaltspunkt über die Substanz, welche hinter der jeweiligen Aktie steckt. Unabhängig davon, ob Sie sich darauf konzentrieren, den Substanzwert oder den Ertragswert eines Unternehmens auszurechnen, ist die wichtigste Quelle für die Analyse der Geschäftsbericht. Heutzutage wird dieser veröffentlicht und ist für jedermann zugänglich. Daraus werden die allgemeine Situation des Unternehmens ersichtlich sowie die aktuelle Lage der gesamten Branche und die allgemeine volkswirtschaftliche Entwicklung. Zudem wird dort die Bilanz veröffentlicht, welche die Gewinn- und Verlustrechnungen mit jeweiligen Erläuterungen dazu enthält. Mittlerweile geben auch einige Unternehmen in Quartalsberichten die Bilanz öffentlich, dies zeugt von einer hohen Transparenz eines Unternehmens.

Zum Abschluss der fundamentalen Analyse sollten Sie sich an den Chancen für die Zukunft eines Unternehmens orientieren. Zudem sollten Sie in dem heutigen Markt beim Blick in eine Branche auch ein Auge auf die aktuelle Konkurrenz werfen und diese, falls möglich, auch einmal unter die Lupe nehmen. Abschließend ist das Management eines Unternehmens verantwortlich für den langfristigen Erfolg oder für den Misserfolg.

Einzelanalyse

Die zweite Methode zur Analyse von Unternehmen ist die der Einzelwerte, während die fundamentale Analysemethode Ihnen die Kenntnis über das Unternehmen und die Aktien vermitteln soll. Nun sollen Sie erfahren, wie Sie eine einzelne Aktie genauer untersuchen können. Hierzu müssen Sie zunächst die starke Anfälligkeit der Kurse bezüglich Schwankungen verstehen. In der Fachsprache wird dies als Volatilität betitelt, dies beschreibt letztlich die Breite, in welcher ein Aktienkurs schwankt. Somit weisen die Aktien mit hohen Kursausschlägen eine höhere Volatilität auf als andere und sind deshalb grundsätzlich mit einem hohen Risiko verbunden, jedoch auch oftmals mit höheren Gewinnchancen. Meist sind Aktien mit einem geringeren Handelsvolumen von diesen Schwankungen betroffen, gerade dann wird das unerwünschte Markettiming relevant für Gewinn und Verlust.

Letztlich gibt es einige weitere Fragen, durch welche es Ihnen möglich sein wird, die für Sie richtige Einzelaktie zu erwerben. Diese Fragen leiten sich aus der quantitativen Analyse eines Unternehmens ab und sind im Buch „Börse für Dummies“ ausführlich beschrieben, diese sind zum Beispiel:

- Über welche Marktanteile in welchen Regionen verfügen die Produkte oder Dienstleistungen des Unternehmens?
- Wie entwickelte sich das Unternehmen in den letzten Jahren, gewann es an Markanteilen hinzu, in welchen Regionen besonders stark?
- Welche Ausschüttungspolitik (Dividenden-Rendite) verfolgt das Unternehmen bis jetzt?

Währenddessen werden im Buch die Fragen zur qualitativen Analyse von Einzelaktien beispielsweise folgendermaßen formuliert:

- Wie hat sich das Unternehmen im Hinblick auf die Konkurrenten entwickelt? Wie stark sind die Konkurrenten?
- Wie setzt sich die Unternehmensführung zusammen, über welche Erfahrung verfügt sie, wie lange ist sie bereits im Amt?
- An welcher Börse und in welchem Marktsegment werden die Wertpapiere gehandelt?

Letztlich bleiben auch nach einer gründlichen Analyse eines Unternehmens immer hohe restliche Risiken, welche selbst die besten Analysten nicht berücksichtigen können. Allerdings empfiehlt es sich, dass Sie zunächst eine Vorauswahl an einzelnen Aktien treffen und diese im Anschluss daran genauer untersuchen.

Dann können Sie die durch Ihre Analyse erfahrenen Informationen unter den Einzelwerten vergleichen und somit herausfinden, welche Aktien laut Ihren Interessen in Frage kommen und vor allem auch aufgrund von den Ergebnissen aus den Analysen. Doch Sie sollten stets beachten, dass man die Entwicklung eines Aktienkurses niemals voraussagen kann. Stets nach dem Zitat von Socrates: „Wenn ich eins weiß, dann das, dass ich nichts weiß".

Die Zukunft des Anlegens

Nun geht es um das Anlegen in der Zukunft, denn es wird eine Zeit nach Corona geben. Die Corona-Pandemie prägte das Geschehen auf der ganzen Welt, eine schwerwiegende Folge waren die negativen Auswirkungen auf die Wirtschaft. Doch die Welt an der Börse sowie deren Kurse erholten sich rasant. Somit konnte selbst die weltweite Wirtschaftskrise die entstehenden Megatrends nicht aufhalten. Ganz im Gegenteil, für langfristig orientierte Investoren boten sich bessere Kaufchancen zu niedrigen Einstiegskursen.

Trotzdem wird sich die Welt verändern, die Menschen werden mit neuen Erfahrungswerten aus dieser so schwierigen Zeit herausgehen. Des Weiteren werden die Spätfolgen der Krise in der Wirtschaft zu deutlichen Veränderungen führen und die Arbeitswelt völlig umkrempeln. Doch selbst das hält die größten und beliebtesten Unternehmen nicht auf, ganz im Gegenteil, Branchenführer wie Apple, Amazon und Co. werden auch in Zukunft eher eine Monopolstellung erreichen, als an Wert zu verlieren. Nennen Sie es, wie sie wollen, „Survival of the fittest" oder „die großen fressen die Kleinen", wird nun noch stärker Realität als je zuvor.

Eine der sichersten und vielversprechendsten Branchen ist der Sektor rund um das Thema Gesundheit. Denn die Gesundheitsindustrie explodiert. Damit sind nicht nur die Unternehmen gemeint, welche Impfstoffe während der Corona-Pandemie hergestellt haben, sondern noch viele weitere Unternehmen, welche in dem Bereich tätig sind.

Dies begründet sich zudem daraus, dass die Altersstruktur in einem Wandel steht, und das nicht erst seit gestern. Die Veränderung der Struktur in der Gesellschaft ist bemerkbar und im Schnitt gibt es letztlich immer mehr alte als junge Menschen. Zudem werden die Menschen insgesamt immer älter und die Branche in der Industrie erfindet immer mehr neue Mittel, um Krankheiten auszumerzen und die Chancen auf ein langes Leben zu erhöhen. Des Weiteren wird dies gefördert, da die allgemeine gesundheitliche Versorgung sich stetig weiterentwickelt. Ein weiterer positiver Effekt ist das stetig steigende Interesse an einem gesunden Leben, die Menschen ernähren sich gesünder und treiben tendenziell mehr Sport. Das geht einher mit dem ständigen Bedürfnis danach, sich selbst und seine Mitmenschen zu optimieren. Diese Gründe und unzählige weitere sind für das starke Wachstum der Gesundheitsbranche verantwortlich und werden diese wohl auch in Zukunft stark beflügeln.

Wirft man einen Blick in die Zukunft, so ist auch ein steigendes Interesse der Menschen am Klimaschutz festzustellen. Die Politik erkennt dies und fördert so ziemlich alles, was den Klimawandel verbessert oder positiv beeinflusst. Dies blieb auch nicht unerkannt bei den größten Unternehmen der Autoindustrie.

So geht hier der Trend immer mehr in Richtung E-Mobilität. Unternehmen, wie zum Beispiel Tesla, treiben die Branche nach vorne. Die Technik von Elektro-, selbstfahrenden und Hybrid-Autos boomt. Dies bringt im weiteren Kreis einige andere Branchen stark nach vorne, so profitieren viele weitere Geschäftsfelder, wie beispielsweise die Produktionen für Batterien für die neuen Autos. Die Zukunft sieht also vielversprechend aus, für alle Unternehmen der Branche, doch letztlich vergessen Sie niemals, „survival of the fittest“.

Eine weitere Technologie, welche in der Zukunft definitiv ein großes Potential aufweist, ist die künstliche Intelligenz, die Unternehmen vorantreiben wird. Diese meint, dass das eigenständige Arbeiten, Denken und Handeln von Maschinen verbessert und weiterentwickelt wird. Die Branche befindet sich zwar bereits in einem schnellen Wachstumstempo, enthält allerdings noch großes Potential bereit. Aus der Sicht der Unternehmen sollte klar sein, dass diese ein großes Interesse am raschen Fortschritt in dieser Branche haben. Denn der Einsatz von

Robotern in der Industrie wird laut mehreren Schätzungen in den nächsten 5-10 Jahren um mindestens 50 % Prozent zunehmen. Dies bedeutet einerseits, dass immer mehr Menschen von Maschinen ersetzt werden, andererseits für die Unternehmen deutlich größere Gewinnmagen. Durch die Fortschritte in der künstlichen Intelligenz werden die bestehenden Systeme stetig verbessert und sind somit immer besser in der Lage, Aufgaben eigenständig zu erledigen und somit die Angestellten und sonstigen Arbeiter in Unternehmen zu ersetzen.

Abschluss

Für den eigenen Vermögensaufbau ist es unausweichlich, einen bewussten Umgang mit dem eigenen Geld zu finden. Wenn wir uns ein finanzielles Polster aufbauen wollen, gelingt das nur, wenn wir mit unseren Finanzen im alltäglichen Leben gut haushalten. Die Welt der Finanzen scheint immer noch für zu viele Menschen etwas Fremdes zu sein und grundsätzlich nur für die zu funktionieren, die sowieso schon genügend haben.

Doch es ist eben nicht so, jedem kann es möglich sein, in seinem Rahmen und orientiert am individuellen Menschen. Ihnen sollte auf jeden Fall bewusst sein, dass Sie nicht jeden Cent zweimal umdrehen müssen. Vielmehr sollten Sie zu jeder Zeit in der Lage sein, zum Beispiel zu wissen, wie viel Geld Sie auf Ihrem privaten Girokonto haben, welche Kosten bezüglich Ihrer Finanzen kurz- und mittelfristig anstehen oder auch einfach, wie viel Geld Ihre Versicherungen jährlich in Anspruch nehmen. Das ist auf jeden Fall eine gute Grundlage, um stets die eigenen Finanzen zu überblicken und nicht überrascht zu werden von kurzfristig anfallenden Kosten. Zudem können Sie dies auch als Anhaltspunkte sehen für Ihren alltäglichen Umgang mit Ihrem Vermögen.

Zudem sollte Ihnen bewusst sein, dass sich der alltägliche Umgang mit dem eigenen Geld in einem stetigen Wandel befindet. Zum Beispiel ein Teenager hat bezüglich der Erhöhung seines Geldes wahrscheinlich eher eine Taschengeldaufbesserung in Sicht als eine Gehaltserhöhung. Auch bei einem Azubi oder Studenten dürften die finanziellen Mittel, welche meistens eher knapp sind, den Rahmen, in dem sich der Vermögensaufbau befindet, vorschreiben und diesen somit von selbst begrenzen. Hierbei kann man bei der Mehrheit der Gesellschaft jedoch behaupten, dass sich auch für denjenigen, die noch keine großen

Kapitalsummen zur Verfügung haben, das Anlegen von kleinen Beträgen lohnt.

Denn Kleinvieh macht auch Mist, so sehr dieses Sprichwort wohl eher auf einen Bauernhof bezogen ist, es steckt trotzdem eine ganze Menge Wahrheit dahinter. Zudem lernt man auch bereits mit kleinen Beträgen die so fern erscheinende Welt der Börse und Finanzen besser kennen und sammelt eigene Erfahrungswerte. Diese werden in Krisenzeiten oder in Ihrem weiterem Lebensverlauf noch von besonderer Bedeutung sein. Besonders in den ersten Jahren nach der Ausbildung oder dem Studium steht bei den meisten ein großer Wandel bezüglich der eigenen Finanzen bevor. Denn mit einem steigenden Einkommen steigen bzw. verändern sich oft die eigenen Wünsche, privaten Planungen oder sonstige Bedürfnisse.

Für viele kommen auf einmal Fragen bezüglich des ersten eigenen Autos auf oder sogar der Wunsch nach einem eigenen Zuhause bzw. einer eigenen Immobilie. Das ist auch alles schön und gut, allerdings können eben genau diese Träume erfüllt werden, wenn Sie Ihre eigene Finanzbildung stetig weiterentwickeln und somit von der Börsenwelt profitieren. Also sollten Sie sich so früh wie möglich nicht zwingend zuerst die Frage stellen, welche Konsumgüter oder sonstigen großen Ausgaben bevorstehen. Vielmehr sollten Sie zu sich selbst sagen, „Wie und wo kann ich mein Geld anlegen und somit durch meine getätigten Investitionen und dem entstehenden Gewinn meine Träume verwirklichen?" Sie sollten sich hierbei aber nicht selbst unter Druck setzen, denn wenn Sie eines nicht müssen, dann ist es, dass Sie nicht direkt ein Börsenguru von heute auf morgen werden.

Geben Sie sich Zeit, die Welt der Finanzen kennen zu lernen und zu verstehen. Den einzigen Fehler, den Sie hierbei machen können, ist nichts zu machen, und darüber sollten Sie sich bewusst sein. Denn das Finanzuniversum ist in seiner Tiefe komplex, allerdings werden Sie rasch bei der eigenen Auseinandersetzung mit dem Thema feststellen, dass es eben eher in der Tiefe schwierig wird, zu verstehen, und dass einiges Grundwissen als Basis für Ihren Umgang mit Ihrem eigenen Geld absolut ausreichend sein wird. Zudem müssen Sie wissen, dass wir aufgrund der Digitalisierung in unserer Zeit einen so leichten Zugang zu der Börse und sonstigen Wertanlagen erhalten, wie noch nie zuvor. Auch haben wir stets die Möglichkeit, uns zu informieren und uns echtes Fachwissen von verschiedensten Experten sozusagen aufs Sofa zu holen. Ein kleiner Blick ins Internet und Sie werden sofort auf einige interessante Beträge stoßen.

Doch lassen Sie sich hierbei nicht von dubiosen Werbungen und sonstigen Versprechungen täuschen oder leiten. Denn der Weg zu Ihren Zielen geht nicht von heute auf morgen und auch der Weg zu großem Reichtum wird für die wenigsten von uns zu Realität und wenn überhaupt, auch nur dann, wenn Sie langfristig gute Arbeit leisten und alles, was in Ihren Möglichkeiten steht, tun – jedoch nicht von heute auf morgen. Denn der Weg zum Vermögensaufbau ist lange und ab und zu etwas wackelig, aber das Gute ist, es gibt einen Weg. Generell ist Ihr Umgang mit den Finanzen von großer Bedeutung, denn die Gesellschaft befindet sich im Wandel. Die Gesellschaft wird älter und diejenigen, die sich etwas mit der Rentensituation in Deutschland auseinandergesetzt haben, werden sofort verstehen, wie wichtig es in Zukunft sein wird, für die eigene Altersvorsorge selbst aufzukommen.

In den Medien ist stets die Rede von sinkenden Renten und gleichzeitig einem steigenden Eintrittsalter in die Rente. So besteht die Möglichkeit, dass wir oder auch Sie irgendwann erst mit 70 Jahren in Rente gehen sollen und dann wahrscheinlich so wenig erhalten wie nie zuvor. Und das alles, obwohl Sie die Rente Ihrer Vorgänger brav bezahlt haben? Das System mit der Rente in Deutschland ist ein sogenanntes Umlagesystem. Das bedeutet vereinfacht gesagt, dass die Rentenzahlung in

Verbindung zur Auszahlung des Lohnes steht und die Menschen bzw. Arbeitsnehmer und -geber eine an ihren Lohn gekoppelte Steuer zahlen, um das System am Laufen zu halten. Das bedeutet im Umkehrschluss dann ja eigentlich, dass die Rente sich erhöht, wenn der Lohn steigt, oder? Nun ja, ganz so ist das nicht der Fall. Denn die Politik hat den sogenannten Nachhaltigkeitsfaktor entwickelt, dieser sorgt letztlich dafür, dass die Rentensumme zwar ansteigt bei steigendem Gehalt, aber dies tut sie nicht im gleichen Maß, wie der Anstieg des Gehaltes ist. Denn die Gesellschaft altert und somit verschieben sich die Ausgangslagen zwischen den zahlenden und empfangenden Menschen, weshalb dieser Faktor von Nöten ist.

Allerdings hat die Politik die Absicherung eingebaut, dass ein Rentner, nachdem er 45 Jahre in die Rentenkasse eingezahlt hat, mit einer Vollzeitbeschäftigung im Schnitt einen Rentenanspruch von 48 % Prozent seines vorherigen durchschnittlichen Einkommens hat. Die Grundlage der Politik, zu sagen, dass wir länger arbeiten müssen, ist gekoppelt mit der höheren Lebenserwartung. So werden laut der Internetseite der Bundeszentrale für politische Bildung die Männer im jetzigen mittleren Alter, zwischen 40 Jahren und 50 Jahren, nun im Durschnitt bereits 84 Jahre alt und Frauen im Durchschnitt 89 Jahre alt.

Zudem kommt, dass bereits jetzt schon über 20 % Prozent der Bevölkerung in Deutschland über 65 Jahre alt ist und diese Zahlen wohl eher eine ansteigende Tendenz mit sich bringen. Generell liegt die durchschnittliche Standardrente für die Angestellten, welche mehr als 45 Beitragsjahre mit einem Durchschnittseinkommen erzielten, in den sogenannten alten Bundesländern bei knapp 1500 Euro. Geht man den aktuellen Zahlen nach, fällt auf, dass diese Rentner im Osten ca. 1075 Euro und im Westen sogar nur knapp über 850 Euro erhalten. Im Durchschnitt haben die Frauen im Westen aber lediglich 28 Jahre und Männer im Schnitt 40 Jahre, in welchen Sie Beiträge gezahlt haben.

Im Osten ist es allerdings deutlich höher, dort kommen die Männer auf knapp 45 Jahre und die Frauen auf ca. 41 Jahre, in denen sie Beiträge bezahlten.[16] Das Thema der Altersarmut wird in der Gesellschaft immer größer und die Politik versucht bereits, dies zu verändern. So ist sie dabei, eine Grundrente als eine Anerkennung für die Lebensleistung der Menschen zu entwickeln, bei welcher eine Person, die mindestens 35 Jahre gearbeitet, erzogen oder gepflegt hat, eine sichere Rente erhält, um eine Armut im Alter zu vermeiden. Hiernach erhalten Alleinstehende Rentner eine monatlich bezahlte Grundrente von bis zu 1250 Euro und Menschen in einer Partnerschaft gemeinsam bis zu 1950 Euro.

Auffallend ist zumindest, dass einem alleinstehenden Rentner wohl kaum die knapp über 1200 Euro im Monat ausreichen werden, um in größeren Städten oder allgemein in Gegenden, welche hohe monatliche Fixkosten haben, leben kann. Doch wie soll sich dies langfristig verändern? Die Politik muss hier unbedingt agieren, um einen Kollaps des Systems, ausgelöst durch die Unzufriedenheit der Menschen in der deutschen Gesellschaft, zu verhindern. Doch nicht nur das Thema Geld im Alter wird zunehmend zum Problem, auch die Armut von Kindern rückt immer stärker in den Fokus. Immer mehr Familien in Deutschland haben Probleme dabei, ihre Kinder zu ernähren.

Der Weg führt dann nicht mehr zum Supermarkt, um an Essen zu kommen, sondern zu den in Deutschland bestehenden Hilfsorganisationen. Ein Blick auf die langen Schlangen vor Institutionen wie der Tafel und es wird klar, dass es längst nicht mehr Einzelfälle sind, welche Probleme bei der Versorgung der eigenen Familie mit Nahrung haben. Noch konträrer wird es dann, dass die Supermarktketten Massen an Lebensmitteln wegwerfen müssen, weil Haltbarkeitsdaten nicht gehalten werden können. So werden Tonnen an eigentlich noch qualitativ

[16] www.deutsche-rentenversicherung.de

hochwertigen Lebensmitteln verschwendet und weggeworfen. Hinzu kommt dann auch noch, dass sich die Bewegung, welche in den jüngeren Generationen entstand, das „Containern", als Straftat ernannt wurde. Beim sogenannten „Containern" gehen Menschen in den Abfällen der Supermärkte auf die Suche nach eigentlich noch qualitativ hochwertigen Lebensmitteln. Diese werden in großen Containern entsorgt, obwohl sie für viele Menschen noch von riesiger Bedeutung sein könnten. Die Jugendbewegung hat im Grundsatz einen absolut positiven Effekt, es werden Menschen mit kostenlosen Lebensmitteln versorgt, welche im normalen Handel weggeworfen werden – eine Win-Win-Situation, oder?

Nicht ganz, denn dies ist gesetzlich verboten, da es sich um das Eigentum des Supermarktes handelt. Doch warum greift hier der Staat nicht ein und sorgt dafür, dass Lebensmittel nach Ablauf des Mindesthaltbarkeitsdatums einfach staatlich organisiert zu den Hilfsorganisationen gelangen? Diese sind zumeist massiv abhängig von privaten Spendern und zudem noch von den dort ehrenamtlichen Mitarbeitern.

Grundsätzlich ist Deutschland ja ein reiches Land und gehört zu den fünf reichsten Ländern der Welt. Auch das Einkommen pro Kopf und das private Vermögen der Menschen ist im Durchschnitt gut und beinhaltet einen relativ hohen Lebensstandard. Doch bezüglich des Armutsberichtes, welcher jährlich von dem Paritätischen Gesamtverband veröffentlicht wird, liegt die allgemeine Armutsquote bei über 15 Prozent in Deutschland. Zum Verständnis, zur armutsbedrohten Gesellschaft gehören die, die unter 60 Prozent des durchschnittlichen Einkommens in Deutschland haben, in harten Zahlen bedeutet das: Singles 1300 Euro und Paare knapp 2000 Euro netto im Monat.

Nicht nur in der Praxis, sondern auch gemäß Definition gelten diejenigen als wirklich arm, welche alleinstehend unter 781 Euro verdienen und als Paar gemeinsam unter 1171 Euro Einkommen im Monat haben. Doch wodurch begründet sich dies? Denn man hört doch in den

Nachrichten stets von sinkenden Arbeitslosenzahlen (unter 5 Prozent) und gleichzeitig von über knapp 34 Millionen Sozialversicherungspflichtigen, so viele, wie noch nie zuvor. Wie kann es dann sein, dass die Schere zwischen den wohlhabenden und armen Menschen so weit auseinander geht und letztlich keine Besserung in Sicht ist? Geht man dem Ganzen auf die Spur, so fällt direkt das Thema der Immobilien auf, denn in Deutschland besitzen nicht einmal die Hälfte der Menschen eine eigene und das ist der wirklich niedrigste Wert in ganz Europa.

Hinzu kommt auch der große Nachteil, welchen Frauen bis heute am Arbeitsmarkt haben, und damit ist nicht nur die Erziehung von Kindern gemeint. In der Fachsprache wird hier vom sogenannten Gender Pay Gap gesprochen. Dieses meint gemäß dem Deutschen statistischen Bundesamt den Abstand des Verdienstes zwischen Männern und Frauen, welcher ein großer Hinweis darauf ist, wie mangelnd die Gleichbehandlung in der Gesellschaft ist. Begründet und zurückzuführen ist diese vielfältige Art und Weise und auf verschiedenste Ursachen.

Denn es ist so, dass sich Frauen und Männer bereits in ihren Erwerbsbiografien und der Wahl der Berufsfelder unterscheiden. So führt dies zum Beispiel im späteren Verlauf einer Karriere zu den Unterschieden im Verdienst. Es ist schon massiv auffällig und ungleichbehandelnd, denn Frauen verdienten im Jahr 2019 durchschnittlich 19 % Prozent weniger in der Stunde als Männer. Die Tendenz nimmt zwar bereits seit 2016 etwas ab, allerdings zu langsam, weshalb nun auch die Bundesregierung entschieden hat, dass Sie diese Unterschiede im Verdienst beseitigen will. Sie hat sich bis 2030 das Ziel der 10-Prozent-Marke gesetzt.[17]

---

[17] https://www.destatis.de/DE/Themen/Arbeit/Arbeitsmarkt/Qualitaet-Arbeit/Dimension-1/gender-pay-gap.html

Nun aber zum Abschluss: Machen Sie sich auf die Reise zu Ihrem eigenen Vermögen. Der Weg wird einmal ins Stocken geraten, vielleicht fallen Sie auch einmal hin. Wichtiger ist es jedoch, wieder auszustehen. Legen Sie Ihr Geld an, denn wenn Sie es nicht tun und es einfach auf der Bank liegen lassen, so tut dies die Bank für Sie. Generell sollten Sie sich ein Stück abschneiden am Profit des Wirtschaftswachstums, welcher an der Börse gehandelt wird. Sie haben in diesem Buch einige bedeutende Strukturen über die deutsche Gesellschaft erfahren. Zudem kennen Sie nun verschiedene Möglichkeiten der Börse. Sie kennen die Risiken und die Chancen der einzelnen Anlageklassen.

Dieses Wissen sollten Sie allerdings keinesfalls als endgültig betrachten. Die Welt der Finanzen steht dauerhalt im Wandel und verändert sich stetig. Sie sollten sich darüber im Klaren sein, dass es auch für Sie unausweichlich sein wird, sich dauerhaft mit dem Thema rund um die Finanzen auseinanderzusetzen.

Das ist jedoch nicht nur für den Aufbau Ihres Vermögens von großem Wert, denn die Finanzbildung ist äußerst vielschichtig und komplex. Sie ist vernetzt mit einigen weiteren Themen, wie zum Beispiel der Politik, und sonstigen wichtigen soziokulturellen Entscheidungen. Sie erhalten im Anschluss an dieses Buch das versprochene Wörterlexikon. Dieses soll Ihnen eine Hilfe sein, wenn Sie auf verschiedenste Begriffe in der Finanzwelt treffen und diese nicht auf Anhieb verstehen. Dann müssen Sie dieses Buch nicht noch einmal komplett von vorne lesen, um es zu verstehen, sondern einfach im hinteren Teil nachsehen. Möglicherweise kommen Sie dann weiter. Dieses Lexikon eignet sich wunderbar, um es weiter fortzuführen, daher sollten Sie es keinesfalls als endgültig betrachten.

ABSCHLUSS UND EIN PAAR WEISHEITEN ZUM GRÜBELN

Sie haben nun bereits ein breites Portfolio an Wissen erhalten. Nun gilt es, dies in die Praxis umzusetzen, betrachten Sie dieses Wissen als Startschuss für eine neue Zeit und den Beginn Ihres persönlichen Vermögensaufbaues.

Die deutsche Schutzvereinigung für Wertpapierbesitzt e. V. hat zudem für Börsenneulinge vor bereits längerer Zeit sogenannte Orientierungshilfen herausgegeben, welche jedoch auch in der heutigen Zeit so wichtig sind, dass Sie diese nun noch erfahren werden. Diese sind als die goldenen 10 Regeln bekannt und auf die heutige Zeit übertragbar.

1. Regel: Mindestkapitaleinsatz ca. 5000 €

Damit ist gemeint, dass Sie keine Kleinstbeträge auf einzelne Aktien setzen sollten. Es empfiehlt sich allgemein bei kleineren Anlagesummen, dass Sie eher auf ETFs und sonstige Fonds bei Ihrer Geldanlage setzen. Denn ansonsten sind die Gebühren wahre Renditefresser und würden Ihren Gewinn senken.

2. Regel: Keine Spekulationen auf Basis eines Kredites

Dies sollten Sie sich als Anleger immer wieder vor Augen führen, denn es gibt immer wieder verlockende Chancen und Einstiegsmöglichkeiten, welche dazu verleiten, einen Kredit aufzunehmen, um damit wiederum größere Gewinne durch den Handel mit Wertpapieren zu erzielen. Allerdings sollte dies ein No-Go für Sie sein. Denn dadurch wird das Risiko nicht mehr zu überblicken sein und das Risiko eines totalen finanziellen Bankrotts kann bevorstehen.

3. Regel: Langfristigen Anlagehorizont mitbringen

Für Anleger empfiehlt es sich, Geld zu setzen, welches Sie nicht zweckgebunden einsetzen müssen, also freies Kapital. Denn die Kursschwankungen können dazu führen, dass, wenn Sie einmal kurzfristig Geld brauchen und zum Verkauf eines Wertpapieres gezwungen werden, Sie zu einem ungünstigen Zeitpunkt verkaufen müssen. Deshalb sollten Sie auch bezogen auf die Zeit der Anlage eine doch größere Flexibilität mitbringen, um das Risiko zu senken.

4. Regel: Risiko streuen

Das Thema der Diversifikation wurde Ihnen mit all seiner Bedeutung ausführlich erklärt, deshalb nun kurz gesagt: Das Streuen Ihres Anlagekapitals bedeutet, mehrere Standbeine zu haben. Geht eines davon nach hinten los, so fangen es die anderen Unternehmen ab, weshalb Diversifikation gleichzusetzen ist mit der Senkung des Risikos.

5. Regel: Keine dividendenlosen Aktien kaufen

Diese Regel mag Ihnen in Zeiten des Technologie-Booms und der damit ansteigenden Kurse möglicherweise veraltet vorkommen. Nun ja, generell empfiehlt es sich, nicht alle nicht Dividenden ausschüttenden Unternehmen nicht mehr zu berücksichtigen. Nein, es ist ein Anhaltspunkt, welcher die Aufmerksamkeit darauf lenken soll, dass dividendenlose Unternehmen in Verbindung mit einem höheren Risiko stehen. Denn Sie als Anleger profitieren ausschließlich von der Steigerung des Kurses.

6. Regel: Bevorzugen Sie Standardwerte vor Spezialwerten

Diese Regel richtet sich vor allem an die Einsteiger an der Börse, denn für diejenigen empfiehlt es sich, auf die bereits etablierten Unternehmen am Kapitalmarkt zu setzen, um das Risiko möglichst gering zu halten. Somit sollten Sie besonders die Werte aus dem DAX30 zumindest einmal unter Ihre Lupe legen und sich im Zweifel für diese anstatt für kleinere Nischenunternehmen entscheiden.

7. Regel: Amtlichen Handel bevorzugen

Dies geschieht normalerweise von allein, allerdings sei noch einmal betont: Augen auf bei der Auswahl Ihres Brokers. Dies können Sie, wie bereits gelernt, heutzutage relativ einfach über Vergleichsportale und sonstige Reviews im Internet auf Plattformen von zum Beispiel Stiftung Warentest oder auf YouTube erhalten.

8. Regel: Keine Panikverkäufe bei Kurseinbruch.

Ihnen sollte beim Antritt an der Börse klar sein, dass Ihre Aktienkurse sehr volatil sein werden und von teils großen Schwankungen betroffen sind. Somit sollten Sie in hektischen Marktsituationen die Ruhe behalten, denn wenn Sie vom Unternehmen überzeugt sind, dann können Ihnen kurzfristige niedrige Kurse nichts anhaben.

9. Regel: Qualifizierte Beratung

Diese Regel ist die wohl einzige, welche sich durch die Zeit verändert hat und heutzutage kein Muss mehr ist. Allerdings bleibt trotzdem haften, dass sich auch in der heutigen Zeit bei den meisten Filialbanken eine kostenlose Beratung durchaus lohnen kann und Sie in Ihrer Finanzbildung weiterbringen kann.

10. Regel: Informationen, Informationen, Informationen

Während früher ausschließlich empfohlen wurde, sich zum Beispiel die Geschäfts- und Quartalsberichte einer AG genauer anzusehen und sich in Fachzeitschriften und der Tagespresse zu informieren, so sieht dies heute etwas anders aus. Zusätzlich sollten Sie sich die Meinungen aus Online-Foren und von Experten und Analysten genauer ansehen, um einen weitsichtigen Eindruck von dem jeweiligen Unternehmen zu erhalten. Jedoch gilt auch in der heutigen Zeit, wer über Informationen verfügt, weiß normalerweise mehr als andere – jedoch niemals alles.

Börsenweisheiten zum Grübeln

Die Union Investment hat hierzu in ihrem Blog mehrere spannende Börsenweisheiten überprüft und analysiert.[18] Dies soll Ihnen nicht vorenthalten bleiben. Es empfiehlt sich jedoch nicht, diese einfach zu übernehmen oder als Regeln anzusehen, sondern vielmehr soll dadurch ein Denkprozess bei Ihnen angeregt und Ihre finanzielle Bildung durch dieses Buch weiter geformt werden.

1. Börsenweisheit: Sell in May and go away (but remember to come back in September)

Wörtlich übersetzt bedeutet diese Weisheit: „Verkaufe im Mai, aber vergiss nicht, im September wieder zu kommen“. Sie spielt darauf an, einen möglichst guten Verkaufspreis zu erzielen und den Zeitpunkt des Kaufes bzw. Wiedereinstieges zu definieren. Die Vergangenheit bzw. die Geschichte hinter der Weisheit bezieht sich auf den St. Leger Day, auf den Tag, an welchem das letzte große Pferderennen stattfand.

Sobald das Rennen zu Ende ist, kommen die Aktionäre wieder zurück und legen ihr Geld am Kapitalmarkt an, um mögliche Verluste bei den Pferderennen wieder gut zu machen. Der eigentliche Grund hinter der Aktie liegt darin, dass die Anleger zu Beginn des Jahres meist über ein größeres Budget verfügen, welches sie am Aktienmarkt einsetzen. Laut Union Investment ist es jedoch Fakt, dass es an der Börse eine saisonale Abhängigkeit der Kurse gibt. Allerdings fällt diese jedes Jahr unterschiedlich aus und lässt sich nicht auf ein fixes Datum festlegen, allerdings ist sie trotzdem nicht komplett außer Acht zu lassen.

2. Börsenweisheit: The trend is your friend

Übersetzt man dies ins Deutsche, so erhält man „Der Trend ist dein

[18] https://www.blog.union-investment.de/startseite-blog/geschichten/boersenweisheiten.html

Freund". Damit ist gemeint, dass es laut dieser Börsenweisheit sich nicht immer empfiehlt, Aktien, welche schon stark gestiegen sind, zu verkaufen oder jene zu kaufen, welche schon stark gesunken sind.

An der Börse entstehen Trends, welche sich oftmals über längere Zeiträume ziehen. Empfehlenswert ist es demnach, auf diese aufzusteigen bzw. die eigenen Wertpapiere zu halten, welche sich im Trend befinden. Anleger sollten jedoch nicht übersehen, dass die Börse die Zukunft handelt, allerdings hierbei oft das Maß in Bezug auf die Realität etwas verliert. Die Börsianer neigen zur Übertreibung und so kann es manchmal auch sinnvoll sein, sich gegen den Trend zu bewegen.

3. Börsenweisheit: Buy in bad news and sell in good.

Die Aussage dieser Weisheit ist es, dass sich Anleger auch in Krisenzeiten, welche von Panik geprägt sind, dafür entscheiden sollen, die Aktien zu günstigen Kursen zu erwerben. Diese Börsenweisheit bezieht sich auf eine bestimmte Anlagestrategie, welche als die sogenannte „Contrarian"-Strategie bekannt ist. Letztlich besagt sie, dass Sie als Investor genau das gegenteilige Tun, als es die Mehrheit der Anleger tut. Das ist jedoch nichts für schwache Nerven und man braucht einen kühlen Kopf. Eine Erfolgsgarantie gibt es hierfür aber nicht, denn was die eine Börsenweisheit besagt, widerlegt eine andere, so etwa die nun folgende.

4. Börsenweisheit: Greife nicht in ein fallendes Messer

Kaufen Sie nicht, wenn ein Aktienkurs rasch fällt und unfassbare Panik am Markt herrscht. Bleiben Sie ruhig und heben Sie das Messer erst dann auf, wenn es am Boden liegt, warten Sie, bis der Abwärtstrend gestoppt ist. Dies hat sich in der Vergangenheit bewahrheitet, zum Beispiel um die Jahrhundertwende, als in Folge der Dotcom-Krise die Aktien aus der Technologie-Branche extrem günstig, aufgrund der starken Ausverkäufe, waren; oder auch während der uns gegenwärtigen Corona-Krise, durch welche sich einige Chancen am Markt ergaben. Das Fazit zur Weisheit ist, dass letztlich niemand niemals ein Ende eines Kursverfalles voraussagen kann und niemals weiß, wann eine Trendwende eingeleitet wird.

5. Börsenweisheit: Kaufe bei Gerüchten, verkaufe bei Fakten

Durch Gerüchte werden Aktienkurse rasant zum Anstieg beflügelt, jedoch konträrerweise auch schnell in die Knie gezwungen. Der Markt handelt die Zukunft und Gerüchte sind der eigentlichen Wahrheit oft einen Schritt voraus. Die Union Investment führt hierzu ein spannendes Beispiel auf. Denn niemand anderes als der reichste Mann der Welt, Elon Musk, der Gründer von SpaceX und Tesla, wurde aufgrund der Streuung von Gerüchten bezüglich seines Unternehmens von der Börsenaufsicht aufgrund des Verdachts der Manipulation des Marktes unter die Lupe genommen. So hat die US-Börsenaufsicht Musk aufgrund von nicht einstufbaren Tweets bezüglich Tesla kontrolliert und vor den Konsequenzen gewarnt.

Nun los mit Ihnen, ab an die Börse – Sie können das! Trauen Sie sich, Ihren eigenen Vermögensaufbau eigenständig zu beginnen. Denn wenn es eine Weisheit an der Börse gibt, über die sich alle einig sind – Aller Anfang ist schwer, aber umso später Sie anfangen, desto weiter ist Ihr Ziel entfernt.

Wörterlexikon

Aktie: Eine Aktie ist ein Anteil von einem Unternehmen, von welchem man Anteile kaufen und verkaufen kann.

• **Anleihen:** Eine Anleihe ist ein Wertpapier. Mit dem Kauf einer Anleihe leihen Sie dem jeweiligen Unternehmen Ihr Geld. Sie haben meistens eine feste Laufzeit und einen festen Preis, zudem zahlt das Unternehmen meist Zinsen während der Laufzeit.

• **Blue Chips:** Blue Chips sind Aktien von großen und bekannten Unternehmen an der Börse, welche im deutschen als Standardwerte verstanden werden können.

• **Börse:** Die Börse ist ein Platz, an welchem man Produkte zum Anlegen handeln kann, also Anlageprodukte kaufen und/oder verkaufen kann. Dieser Handel an den Börsen wird vom Staat überwacht bzw. kontrolliert.

• **Cost-Average-Effekt:** Wörtlich übersetzt bedeutet der Cost-Average-Effekt „Durchschnittliche-Kosten-Effekt". Kauft eine Person immer wieder die jeweils gleichen Wertpapiere, so bezahlt Sie einmal einen günstigeren Preis und einmal einen teureren Preis, da die Kurse bzw. der Wert der Wertpapiere schwankt.

Rechnet man nun alle gekauften Wertpapiere zusammen, so lässt sich ein durchschnittlicher Kaufpreis errechnen. Dies reduziert das Risiko, zu einem ungünstigen bzw. zu hohen Kurs die Wertpapiere langfristig zu erwerben.

• **Courtage:** Es handelt sich um Gebühren, welche beim Kauf oder Verkauf von Wertpapieren entstehen.

• **DAX:** Das ist die Abkürzung für Deutscher Aktienindex. Der DAX ist der sogenannte Leitindex in Deutschland, welcher die Entwicklung der 30 größten deutschen Unternehmen beinhaltet und somit die allgemeine Wirtschaftslage in Deutschland widerspiegelt.

- **Depot:** Dies ist ein besonderes Bankkonto, welches Sie benötigen, um Ihr Geld in Wertpapiere anzulegen. Auf dem Depot können Sie dann Ihre gekauften Wertpapiere ansehen bzw. auf dem Depot werden die Wertpapiere verwahrt.

- **Diversifikation:** Darunter ist in Bezug auf Finanzen die Aufteilung des Anlagekapitals auf unterschiedliche Investmentarten zu verstehen. Hierbei hat jede Anlageklasse unterschiedliche Risiken, jedoch werden starke Verluste von einzelnen Investments durch eine Diversifikation aufgefangen.

- **Dividenden:** Unter einer Dividende ist der Gewinn zu verstehen, welchen Unternehmen an ihre Anteilshaber bzw. Aktionäre ausschütten. Die Höhe der Dividende ist meist abhängig von den Entscheidungen, welche auf der einmal jährlich stattfindenden Jahreshauptversammlung entschieden werden.

- **Emittent:** Das bedeutet übersetzt Aus- oder Herausgeber, ein Emittent ist im finanziellen Kontext jemand, der Wertpapiere herausgibt, also zum Beispiel eine Bank, ein Unternehmen, ein Staat, Fonds-Gesellschaften etc.

- **Festgeld:** Dabei geben Menschen einer Bank für einen zuvor bestimmten Zeitraum Geld bzw. stellen es dieser zur Verfügung. Die Bank hat im Sinn, dass Sie das Geld gewinnbringend anlegt bzw. vermehrt. Der Anleger bekommt als Gegenleistung zuvor festgelegte Zinsen und das Geld nach dem vereinbarten Zeitraum zurück.

- **Fonds:** Ein Fonds ist grundsätzlich eine Geldanlage, welche den Zweck hat, das Kapital zu erhöhen durch Investments. Hierbei gibt es unterschiedlichste Fonds, wie zum Beispiel aktiv gemanagte Fonds. Dort kümmern sich sogenannte Fonds-Manager darum, dass das Geld sinnvoll und gewinnbringend angelegt wird. Es werden Vermögenswerte gekauft und teurer verkauft. Die Fonds sind oftmals auf eine bestimmte Branche spezialisiert, weswegen es völlig unterschiedliche Arten der Fonds gibt, wie zum Beispiel Aktienfonds, Rentenfonds und Immobilienfonds.

Zudem gibt es aber auch Mischfonds, welche sich eben nicht auf eine bestimmte Anlageklasse spezialisieren. Ebenfalls wird unterschieden in offene und geschlossene Fonds. Während man bei den offenen Fonds täglich Anteile handeln, also kaufen oder verkaufen kann, so ist dies bei den geschlossenen Fonds nicht möglich. Hier gibt es nur eine zu Beginn festgelegte Anzahl an Aktien bzw. Anteilen, welche der Fonds zum Kauf für Anleger zur Verfügung stellt und meist langfristig orientiert anlegt.

- **Fonds-Anteil:** Darunter ist ein Vermögenswert an einem Fonds zu verstehen. Man kann sich das als einen Anteilsschein an einer Fondsgesellschaft vorstellen, bei welcher man durch den Erwerb zum Mitglied wird.

- **Freistellungsauftrag:** Grundsätzlich ist es das Ziel der Anleger, Ihr Geld auf Sparbüchern, in Fonds, Aktien oder sonstigen Investments zu vermehren. Hier bekommen die Anleger sogenannte Kapitalerträge, darunter sind die Auszahlungen von Kursgewinnen, Zinsen oder auch Dividenden zu verstehen.

Für eben diese Kapitalerträge müssen Anleger jedoch eine sogenannte Abgeltungssteuer bezahlen. Allerdings gibt es hierfür den Freistellungsauftrag, durch welchen man bis hin zu einer Obergrenze von 801 Euro im Jahr pro Person keine Gewinne versteuern muss. Den Freistellungsauftrag können Anleger bei ihrem jeweiligen Broker oder eben dort, wo sie ihr Geld angelegt haben, einreichen und somit jährlich Geld einsparen.

• **Handelsplattform:** Vergleichbar mit einem klassischen Marktplatz können sich dort Menschen treffen, welche etwas kaufen oder verkaufen möchten. Hierfür bekommen die Anleger einen bestimmten Bereich, in welchem sie handeln können, dies ist in Bezug auf die Finanzen die Börse.

Dort können beispielsweise Aktien gekauft oder verkauft werden. Damit der Kauf durchgeführt werden kann, gibt es sozusagen Zwischenhändler bzw. Vermittler zwischen den Käufern und Verkäufern, da man oft die Aktien nicht selbst handeln kann. Diese Zwischenhändler heißen Broker, welche uns Handelsplattformen zur Verfügung stellen und anhand dieser Vermittlung eine Provision verlangen und somit auch Geld verdienen. In Deutschland ist die größte elektronische Handelsplattform die Xetra, dort werden Aktien gehandelt.

• **Index:** Ein Index zeigt letztlich eine Kennzahl für eine Branche an. In einem Aktien-Index, wie zum Beispiel dem DAX, werden verschiedene Aktien zusammengerechnet und durch eben diese Kennzahlen dargestellt.

• **Investment-Gesellschaft:** Letztlich ist dies ein Unternehmen, welches die Investmentfonds betreut, also verwaltet und auch managt. Generell wird eine Investment-Gesellschaft von einer Depotbank bewacht, dadurch wird sichergestellt, dass das Geld besonders gesichert ist, und es wird von der Investment-Gesellschaft getrennt behandelt.

• **Kurs:** Darunter ist der aktuelle Preis eines Wertpapieres zu verstehen, zu welchem man dieses kaufen oder verkaufen kann, er ist sehr volatil, also schwankt mal nach oben und mal nach unten.

• **Liquidität:** Unter diesem Fachbegriff ist die Zahlungsfähigkeit zu verstehen, welche ein Unternehmen immer zur Verfügung stehen hat. Ein liquides Mittel ist Geld, was also jederzeit zur Verfügung steht, und Liquidität bedeutet wörtlich „flüssig".

• **Marktkapitalisierung:** Dies beschreibt den gesamten Wert eines Unternehmens an der Börse, welcher sich daraus errechnet, dass man alle Aktien von dem Unternehmen zusammenzählt und den aktuellen Preis einer Aktie mit der Anzahl der Aktien multipliziert. Anhand des Ergebnisses kann der aktuelle Börsenwert erkannt werden.

• **Nennwert:** Darunter ist die Geldmenge einer Anleihe angegeben, welche Anleger verliehen haben und am Ende einer Anleihe zurückerhalten.

• **Order:** Wörtlich übersetzt bedeutet dies Auftrag. Diesen Auftrag zum Beispiel eines Kaufs oder Verkaufs eines Wertpapieres führen die Banken bzw. Broker für die Anleger aus. Grundsätzlich kann dieser telefonisch, persönlich, schriftlich oder, heutzutage oft verwendet, im Internet aufgetragen werden.

Im Anschluss prüft die Bank die gegebene Order, führt den Auftrag aus und kauft beispielsweise das Wertpapier für die Anleger an der Börse. Grundsätzlich versucht der Broker, einen möglichst guten Preis zu erzielen, jedoch haben Anleger die Möglichkeit, zum Beispiel einen Höchstpreis für den Auftrag anzufügen, zu welchem die Order durchgeführt werden soll.

• **Performance:** Diese beschreibt die Entwicklung des Wertes einer bestimmten Anlage, welcher sich durch die allgemeinen Entwicklungen und Veränderungen des Kurses aufzeigt, diese Wertentwicklung nennt man Performance.

• **Portfolio:** Ein Portfolio ist ein Ort, an welchem die Anlagen komprimiert dargestellt werden. Dadurch kann man einen Überblick über die eigenen Investments erhalten. Allgemein werden in einem Geld-Portfolio die Vermögenswerte einer Person gesammelt, dort finden sich zum

Beispiel Wertpapiere, Häuser, Gold und sonstige Besitztümer einer Person.

- **Provision:** Das ist sozusagen die Bezahlung für diejenigen, welche Anleger beraten oder deren Aufträge entgegennehmen und die jeweiligen Finanzgeschäfte erledigen und durchführen.

- **Rendite:** Darunter ist der Ertrag einer Geldanlage zu verstehen, welcher innerhalb eines Jahres erzielt wurde, mit dem eingesetzten Kapital eines Anlegers. Generell kann man anhand der Rendite den Erfolg der Geldanalagen operationalisieren, also messen. Allgemein kann diese sich auf den Zinsertrag einer Sparanlage, aber ebenfalls auf die laufende Verzinsung von den festverzinslichen Wertpapieren oder auch auf die Zahlungen von Dividenden aus den Aktien beziehen.

- **Rücknahmepreis:** Wenn jemand einen Anteil an einem Fonds gekauft hat, so hat derjenige einen Investment-Anteil erworben. Diesen Anteil kann man auch wieder verkaufen, zum Beispiel an eine jeweilige Investment-Gesellschaft. Diese ist verpflichtet, den Anteil zu einem Rücknahmepreis zurück zu erwerben, jedoch wird der Preis jeden Tag neu berechnet.

- **Sparbuch:** Ein Sparbuch ist nach wie vor in der Gesellschaft weit verbreitet. Dort zahlen die Menschen Geld ein und erhoffen sich daraus Zinsen. Meistens ist diese Geldanlage kostenlos, allerdings gibt es heutzutage kaum Zinsen mehr, sodass der Trend weg vom Sparbuch geht.

- **Sparplan:** Einen Sparplan können Sie sich wie einen Sparvertrag vorstellen. Bei diesem zahlen Sie in einem bestimmten Intervall einen festen Geldbetrag ein, dadurch können Sie meistens aus dem Cost-Average-Effekt profitieren.

- **Spread:** Ein Spread ist letztlich eine Spanne, setzt man dies auf den finanziellen Kontext, so ist darunter die Spanne des Preises, beispielsweise eines Wertpapieres, zu verstehen.

- **Standardwert:** In der Börsenwelt werden Sie des Öfteren von den sogenannten Blue Chips hören. Diese sind nichts anderes als die Standardwerte, welche man an der Börse in Form von Aktien erwerben und verkaufen kann. Diese Standardwerte beziehen sich auf die Aktien der großen und vor allem einflussreichen Unternehmen.

- **Tagesgeld:** Bei einem Tagesgeldkonto erhalten Sie ebenfalls Zinsen, ähnlich wie beim Sparbuch, allerdings ist hier der Unterschied, dass Sie das Geld jederzeit wieder abheben können. Die Zinsen für das Tagesgeldkonto sind sehr niedrig und letztlich nicht immer gleich.

- **Transaktionskosten:** Darunter sind Geschäfte zu verstehen, bei welchen Dinge ausgetauscht werden. Allerdings fallen zum Beispiel beim Kauf eines Wertpapiers Gebühren an, welche man bezahlen muss – diese Gebühren nennt man Transaktionskosten, also Kosten, die beim Austausch von Finanzprodukten anfallen.

- **Volatilität:** Sie beschreibt die Veränderungen des Preises eines Wertpapiers während einem bestimmten Zeitraum. So spricht man von einer hohen Volatilität, wenn sich der Preis stark verändert, und meistens geht mit dem höheren Risiko auch die Chance auf größere Gewinne einher. Das Ergebnis der Volatilität ist messbar und kann durch Prozente angezeigt werden.

- **Währungsrisiko:** Die Währung eines Landes ist das eigene Geld, mit welchem man im jeweiligen Land bezahlen kann. Während man in vielen Ländern in Europa mit Euro bezahlen kann, so bezahlt man zum Beispiel in der Schweiz mit Schweizer Franken oder in den Vereinigten Staaten von Amerika ist die Währung der US-Dollar.

Wenn man nun in einem anderen Land etwas bezahlen muss, so muss man mit Hilfe von Wechselkursen das eigene Geld umtauschen.

Auch die Währungen schwanken in ihrem Wert und sind von beispielsweise politischen Entscheidungen oder sonstigen einschneidenden Ereignissen abhängig, weswegen es somit zu einer Aufwertung oder auch Abwertung einer Währung kommt.

- **Wertpapier:** Ein Wertpapier ist eine verbriefte Geldanlage bzw. eine Urkunde über den Erhalt eines Vermögenswertes. Durch den Kauf eines Wertpapieres kauft man sich also bestimmte Vermögenrechte.

- **Zertifikate:** Grundsätzlich gibt es viele unterschiedliche Zertifikate, allerdings bedeuten diese heruntergebrochen so viel wie eine Anleihe. Die Zertifikate sind mit einem hohen Risiko verbunden und es kann vorkommen, dass der Emittent den Anlegern das eingesetzte Kapital nicht mehr zurückbezahlen kann.

- **Zinsen:** Sie werden von den Brokern oder auch von Unternehmen sozusagen als Leihgebühr ausbezahlt, also als Bezahlung dafür, dass die Anleger des jeweiligen Unternehmens das Geld zur Verfügung stellen. Sie werden unterschieden in Haben- und Soll-Zinsen. Hierbei sind Haben-Zinsen diejenigen, welche Ihnen beispielsweise klassisch zu einem bestimmten Zeitpunkt auf ihr Sparbuch überwiesen werden. Währenddessen sind die Soll-Zinsen diejenigen, welche Sie als Anleger zahlen müssen, wenn Sie sich zum Beispiel ein Darlehen oder einen Kredit bei einer Bank oder sonstigen geholt haben und diese nun zuzüglich des eigentlich Wertes des Kapitals als Leihgebühr zurückzahlen müssen.

Wir danken Ihnen für Ihr Interesse und Ihr Vertrauen. Als Dankeschön dafür, haben wir eine besondere Überraschung. Sie interessieren sich für Investments? Dann haben wir etwas für Sie. Finden Sie heraus, warum sie so wichtig sind und was es zu beachten gibt. Das Beste: Sie erhalten diese vollkommen kostenlos. Das klingt wunderbar? Dann warten Sie nicht lange und holen Sie sich Ihr Gratis-Geschenk.

Hier geht es zu Ihrem Gratis-Geschenk:

https://forms.gle/aESYBcbhNREYXRu19

1. **Öffnen Sie die Kamera-App auf Ihrem Smartphone und richten Sie die Kamera auf den QR-Code.**
2. **Klicken Sie auf den Link, der Ihnen angezeigt wird und schon werden Sie zur Website weitergeleitet.**

Impressum

Herausgeber: Orbita Media Verlag GmbH & Co. KG / Ericusspitze 4 / 20457 Hamburg
Kontakt: kontakt@empireofbooks.de
Website: https://empireofbooks.de
Coverbild: Shutterstock

Haftungsausschluss:
Die Nutzung dieses Buches und die Umsetzung der enthaltenen Informationen, Anleitungen und Strategien erfolgt auf eigenes Risiko. Der Autor kann für etwaige Schäden jeglicher Art aus keinem Rechtsgrund eine Haftung übernehmen. Haftungsansprüche gegen den Autor für Schäden materieller oder ideeller Art, die durch die Nutzung oder Nichtnutzung der Informationen bzw. durch die Nutzung fehlerhafter und/oder unvollständiger Informationen verursacht wurden, sind grundsätzlich ausgeschlossen. Rechts- und Schadenersatzansprüche sind daher ausgeschlossen. Dieses Werk wurde sorgfältig erarbeitet und niedergeschrieben. Der Autor übernimmt jedoch keinerlei Gewähr für die Aktualität, Vollständigkeit und Qualität der Informationen. Druckfehler und Falschinformationen können nicht vollständig ausgeschlossen werden. Es kann keine juristische Verantwortung sowie Haftung in irgendeiner Form für fehlerhafte Angaben vom Autor übernommen werden. Die bereitgestellten Analysen, Vorschläge, Ideen, Meinungen, Kommentare und Texte sind ausschließlich zur Information bestimmt und können ein individuelles Beratungsgespräch nicht ersetzen. Alle Informationen dieses Buches entsprechen dem Kenntnisstand zum Zeitpunkt des Verfassens dieses Buches. Eine Haftung für mittelbare und unmittelbare Folgen aus den Informationen dieses Buches ist somit ausgeschlossen.
Informieren Sie sich weitläufig aus unterschiedlichen Quellen und bedenken Sie, dass am Ende nur Sie für die Entscheidungen verantwortlich sind.

Haftung für externe Links:
Unser Angebot enthält Links zu externen Websites Dritter, auf deren Inhalte wir keinen Einfluss haben. Deshalb können wir für diese fremden Inhalte auch keine Gewähr übernehmen. Für die Inhalte der verlinkten Seiten ist stets der jeweilige Anbieter oder Betreiber der Seiten verantwortlich. Die verlinkten Seiten wurden zum Zeitpunkt der Verlinkung auf mögliche Rechtsverstöße überprüft. Rechtswidrige Inhalte waren zum Zeit-punkt der Verlinkung nicht erkennbar.